밤이 우리에게 축복의 선물로 주는 꿈은 낮의 창조적인 역사에 활기와 깊은 의미를 불어넣어 준다. 하나님은 꿈속에서 우리를 가장 사랑하신다. 우리의 의지와 의식이 가장 약해지는 꿈속에서처럼 우리가 하나님의 말씀에 귀를 기울이는 때도 없기 때문이다.

기독교인들에게 꿈은 어떤 것인가?

허 철(요한)목사 지음

추천의 글

　꿈이 없는 백성은 망합니다. 꿈이 없는 사람은 모험을 하지 않습니다.

　믿음의 사람이란 다른 말로 표현하면 하나님께서 주신 꿈에 자신의 인생이 붙들려 사는 사람이라 할 수 있습니다.

　꿈은 자신의 내면세계를 드러내기도 하고, 자신의 소원을 표현하기도 합니다. 꿈은 하나님의 또 다른 언어이기도 합니다.

　꿈의 사람 요셉은 하나님이 주신 꿈에 붙들려 죽음의 고비, 배신의 상처, 누명 쓴 옥살이 등 인간이 견딜 수 없는 모든 고난을 너끈히 이겨냈습니다.

　꿈을 잃은 사람은 삶의 에너지를 잃은 사람입니다. 그러나 꿈이 있는 사람은 어려운 상황도 긍정적으로 도전합니다. 이 책은 꿈을 잃고 힘겹게 고난 속에 살아가는 현대인들에게 때에 맞는 생수 같은 책이라 생각됩니다.

　허철 목사의 『기독교인들에게 꿈은 어떤 것인가?』는 논리정연하고 일목요연하게 신구약 구석구석에 꿈을 통하여 이루어진 하나님의 역사를 잘 연구한 책입니다. 기독교인들에게는 신앙에 큰 도움이 되는 책입니다. 또한 목회자가 읽으면 잃었던 꿈을 다시 회복할 것입니다.
 거룩한 꿈과 환상에 다시 붙들려 달려갈 길 다 가길 소원하며 이 책을 적극 추천합니다.

2025년 7월 20일

김기덕 목사
새인천침례교회 담임목사
인천기독교총연합회 60대 총회장

머 리 말

  기독교는 예수님이 인간 역사 속에 인성(인간의 죄 사함을 위해 구세주로 사람이 되어 오신 하나님)과 신성(성자로서 나타나신 하나님)을 가지셨다는 것을 믿는다.
  그러므로 예수님이 인간 세상에 탄생하셨다는 성탄은 기독교의 시작이요 인간 구원의 시작과 인류역사상 가장 중요한 사건이다. 이 예수 그리스도의 탄생 예고는 예수님의 육신의 아버지인 "요셉"과 어머니인 "마리아"에게 천사를 통해 꿈으로 예고되었다(마 1:20-25, 눅 1:26-38).
  이렇듯이 기독교의 시작은 꿈을 통해 이루어졌다는 사실을 간과해서는 안 될 것이다.
  성경에 쓰인 단어나 상징, 혹은 그와 연계된 배경, 사건 등에서 환상(이상)과 꿈은 성경을 대하는 기독교인들에게 익숙하게 다가온다. 특히 예수님의 탄생을 통해서 보듯이 꿈과 환상을 동원하여 직접 계시로 요셉, 마리아, 목동들, 동방박사들에게, 예수님의 이름의 출처, 헤롯왕으로부터의 구출 작전과 복귀 등등은 운명적이면서 스펙터클하고 인간 누구도 모방할 수 없는 구세주의 진면목을 입증시킨

대사건이었다.

　대사건이 인간 역사 속에 하나님으로 오셔서 세상을 구원할 구세주의 첫 신호요, 첫 메시지요, 첫 출발점으로서 전능하신 능력(표적)이 꿈이라는 수단(동원)으로 하나님의 의지가 경도되어 표출된 사건인 것이다.

　오늘날 교회에서 경시하거나 터부시하는 꿈과 꿈 해석을 회복하고 기독교인들의 삶의 현장에서 세밀하고도 구체적으로 일하시는 하나님의 현현의 증표인 꿈과 환상을 통해 말씀하시는 그 분의 음성을 들어야 할 것이다.

　꿈은 하나님의 잊힌 언어이다. 꿈은 자신의 영이 자신에게 들려주는 이야기다. 꿈은 자신의 영적 세계를 여는 관문이며, 자신이 하나님을 만날 수 있는 여러 길 가운데 하나이다. 꿈은 자신을 거룩함과 온전함으로 이끄는 내적 현존인 동시에 하나님과 우리의 깊은 내면세계를 연결시켜 주는 통로이며 개인과 공동체에게 주신 하나님의 선물이다.

　에이브러햄 링컨은 "성서는 꿈의 보고이다. 내 기억이 옳다면 구약은 열다섯 장, 신약은 적어도 대여섯 장에서 주로 꿈을 다루고 있다. 그리고 성서를 읽다 보면 이외에도 꿈과 환상에 관한 구절들을 수없이 만나게 된다. 따라서 그리스도인이라면 옛날뿐 아니라 오늘날에도 하나님이 꿈을 통해 우리에게 자신의 모습을 드러내고 계시다는 사실을 어렵지 않게 받아들일 수 있을 것이다"라고 말했다.

　성경은 꿈(해몽: 81절), 환상(이상: 59절)의 구절과 꿈 89

개, 환상 60개의 단어를 통해 인간의 운명과 그 중대성을 강조할 뿐 아니라, 요한계시록은 장차 될 일들을 봄으로(환상) 세상과 인간의 운명을 알거나 깨달을 수 있었다. 그것은 환상의 수단으로만이 가능할 수 있었던 것이다. 예를 들면 아담을 잠재워 하와를 만드신 일(창조성) 아브라함이 믿음의 조상이 될 것임을 이상으로 말씀하신 것, 선지자들의 이상 중에 부름과 사역 수행의 지시, 명령과 운명을 알게 된 일, 꿈을 통한 예수 탄생에 관한 사건, 사도 요한의 종말적인 사건들을 환상으로 보게 된 일 등을 보더라도 성경은 꿈과 환상으로 점철된 책이라고 해도 지나치지 않을 것이다.

믿음의 사람은 하나님께서 영이시기에(요 4:24) 영적인 것을 떠나서는 살 수 없고 이 영적인 것에 무지하면 그리스도인이 아니다(호 4:6, 롬 8:4-9).

오늘날 기독교인들은 신앙생활에서 꿈과 환상이 차지하는 비율이 영적으로 크지 않다고 해서 터부시하는 경향들이 있다. 그 이유는 성경에 대한 무지와 극단적인 신비주의자들의 집단인 이단, 사이비 종파들이 회칠한 무덤의 행태들의 자행이 혹세무민 되어 일어난 현상이라 볼 수 있다. 그러나 성경을 절대 권위로 텍스트화하며 신앙생활을 하는 기독교인들에게 성경에 기록된 수많은 환상이나 꿈에 대해 함구한다면 표리부동한 불신앙의 빠지게 될 것이다.

아울러 프로이트가 말한 무의식 세계가 꿈의 열쇠라고 한 것과 융이 말한 무의식 자체가 생명력이 있다고 해서 그것을 새로운 성경으로 삼는다거나, 자연이나 인간관계 안에서 또는 꿈, 명상, 영감, 확신, 신접 경험 등을 얻으려는 것을 경계해야 한다.

무의식에서의 꿈은 신앙생활을 대신할 수 없다. 참된 신앙인은 완전 성화를 구하여 나아가야 하며, 꿈은 하나님과의 관계나 자신이나 공동체와의 관계를 유지하고 더욱 풍요롭게 하는 수많은 방법 중 하나라는 것을 잊지 말아야 한다.

꿈 해석을 통해 긴장과 갈등을 적절히 해결할 때 우리의 인간관계는 회복되고 이로 인해 공동체 안에서 사람들과 더불어 사는 삶도 알차게 성장시켜 나갈 수 있을 것이다.

필자는 이 책을 통해 어제나 오늘이나 영원토록 동일하신 성령의 일하심을 증거하는 꿈과 환상(이상)을 성경을 통해서 기술하였을 뿐 아니라 간증들도 삽입하였음을 밝혀 둔다.

이 책은 지난 2000년 10월 20일 출간한 『하나님을 만나는 채널』이라는 제목으로 세상에 내놓았는데 그동안 잊고 있었다가 우연히 서재를 정리하다가 한 권만 달랑 남은 책을 보고 제목도 바꾸고 좀 더 다듬고 내용을 추가해서 증보판을 내 볼 요량으로 이 책을 쓰게 된 것이다.

바라기는 이 책으로 영적 생활에 더없는 가치와 성장, 성화케 하는 데 도움과 영적 도구로 사용되어 신앙생활의 활력을 불어넣게 되기를 기대한다.

차례

- 추천의 글 •2
- 머리말 •4

1장. 꿈의 개념 •10

1) 꿈의 정의 •10
2) 꿈의 중요성 •12
3) 꿈의 근원 •14
4) 꿈의 의미 •19
5) 꿈의 운명 •21
6) 꿈과 통전적 완성 •33
7) 꿈과 신학 •37

2장. 꿈 해석 •40

1) 꿈 해석이란 무엇인가? •40
2) 꿈 해석과 영적 삶의 인도 •43
3) 꿈 해석과 예언 •47
4) 꿈 해석과 상징 기술 •57
5) 꿈 해석과 창조성 •67
6) 꿈 해석과 메시지 •69
7) 꿈 해석과 무의식 •73
8) 꿈 해석과 의식 •75
9) 꿈 해석과 자아 •79
10) 꿈 해석과 일기 •80

11) 꿈 해석과 영성 생활 •82
12) 꿈 해석과 성격 •85
13) 꿈 해석과 치유 •89
14) 꿈 해석과 그리스도의 공동체 •90
15) 꿈 해석과 성화 •94
16) 꿈 해석을 통한 변화 •97

3장. 꿈과 환상 •99

1) 환상의 정의 •99
2) 꿈과 환상은 독특한 계시의 수단 •101
3) 꿈과 환상이 우리 삶에 주는 유익 •104

4장. 영적 생활과 꿈 •114

1) 신령한 신앙생활의 정황 •114
2) 영의 통로 •121
3) 성도 안의 성령의 은사 •124
4) 꿈에 대한 교회의 역사적 인식 •130
5) 그리스도인의 관점에서의 꿈 •137
6) 기도 중에 하나님의 현현(顯現) •141
7) 그리스도의 현현(顯現)을 체험한 사람들 •145

5장. 부록 •157

• 꿈(현몽, 몽조)과 환상(이상)에 대한 성구
• 나오는 말
• 참고도서

1장   꿈의 개념

1) 꿈의 정의

꿈은 나 자신의 영이 나에게 들려주는 이야기이다. 영이란 내가 하나님과 만날 수 있는 통로이기 때문에 꿈은 나 자신의 영적 세계를 여는 관문일 수도 있고, 내가 하나님을 만날 수 있는 여러 가지 길 가운데 하나라 할 수 있다. 성경에서 하나님은 꿈을 통해 인간에게 계시를 들려주고 계신다.

꿈은 자는 동안에 체험하게 되며, 실현하게 되는 현실이 아닌 여러 가지 현상, 토막토막으로 보이기도 하고, 때로는 소리, 맛, 냄새를 느낄 수 있는 꿈도 있다. 보통 꿈이라 하면 잠자면서 체험한 것이 깨어난 뒤에도 확실히 기억에 남아 있는 상태라고 말할 수 있다.

꿈은 잠자는 동안에 내부 세계에서 일어난 자연발생적인 상징 경험이다. 꿈은 우리가 의식적으로 통제하지 못하는 일련의 영상, 행동, 생각, 말 그리고 감정으로 이루어져 있다. 꿈에 나타나는 사람과 장소와 사건들은 우리 기억에 남아 있는 경험이나 영상들과 관련이 있을 때도 있으나 대부분 전혀 기억해 낼 수 없는 무의식의 세계로부터 오는 경우가 많다.

밤에 우리에게 축복의 선물로 주는 꿈은 낮의 창조적인 역사에 활기와 깊은 의미를 불어넣어 준다. 하나님은 꿈속에서 우리를 가장 사랑하신다. 우리의 의지와 의식이 가장 약해지는 꿈속에서처럼 우리가 하나님의 말씀에 귀를 기울이는 때도 없기 때문이다.

꿈은 짧은 순간일 수도 있고 장시간 지속될 수도 있으며 꾸는 꿈을 다 기억할 수 없지만 며칠이나 혹은 평생을 기억할 수도 있다. 그러므로 우리는 깨어나는 꿈을 즉시 기록해 놓으므로 종합하여 요약하여 주제를 밝히고 나에게 무엇을 요구하는지를 해석해야 한다. 그렇지 않으면 완전한 꿈이라 할 수 없다.

심리학자 프롬(From)은 꿈을 잠자는 상태에서 모종의 정신적 활동을 보여 주는 의미 있고 암시적인 표현이며, 우리는 깨어 있을 때보다 꿈꿀 때가 더 이성적이며 더 현명하며 더 올바른 판단을 내릴 수 있다고 했다.

꿈은 사람의 마음에 한계점이 없다. 꿈은 사람의 마음이나 혼 속에 아직도 발굴해 낼 수 있는 강렬한 가능성이 축적되어 있다는 것을 강력히 암시해 준다.

괴테와 같은 작가도 꿈 가운데서 나타나는 생각, 영상

사건 등은 억눌린 불안과 공포와 소원의 상징으로 해석할 수 있다. 이러한 사실을 정신분석학적으로만 말한 것이 아니라 꿈이 우리에게 생기게 된 이상 그 꿈은 우리의 모든 생활과 운명과 관계를 맺고 있다고 말했다.

오펜하임(oppenheim)은 근대 근동지역에서는 꿈을 몇 가지 면으로 구별하였다고 말한다.

첫째: 해석이 필요하지 않는 하나님께서 계시하는 꿈이 있다.

둘째: 상징적으로 마음의 상태와 꿈꾸는 자의 영육간의 "건강"을 나타내는 꿈이다. 이 꿈에 대한 언급은 기록은 되어 있지 않다.

셋째: 앞으로 될 것을 예시하는 예언적 꿈이라고 하였다.

2) 꿈의 중요성

꿈이 우리의 삶에 중요하고 필요한 것에 대해서는 우리의 삶에서 부딪치는 중요한 개인적, 인간적, 관계적, 영적인 문제들은 반드시 꿈에 나타나게 되어 있다. 그러므로 꿈을 올바로 해석하게 되면 이러한 문제들을 보다 분명하게 이해하여 그 해결의 실마리를 찾을 수 있다.

유대인은 꿈을 중요시했다. 그들은 꿈을 유의하여 생각하며 꿈을 해석하거나 안다고 말하는 사람을 찾아다녔다. 꿈 해몽자들은 높이 존경을 받았다. 이러한 사실은 요셉 시대의 애굽에서 찾아볼 수 있다(창 40:41).

영적인 관점-꿈 해석은 하나님과 깊고 풍요로운 관계를 맺는 통로이다.

심리학적인 관점-자기 자신을 발견하고 이해하는 가장 효과적인 수단이다.

그리고 나와 타인의 현재와 미래를 볼 수 있는 거울이 되기 때문에 생활을 수정, 정리, 보완 등을 할 수 있어 삶을 성장하게 하고 바른길로 이끌게 한다.

영국 인류학자 나일러에 따르면 꿈의 경험을 통하여 육체를 살리고 있는 것이 일시적으로 또는 영구히 떠나갔다고 해석한 데서 영혼 관념이 생겼다고 보기도 하였다.

우리는 꿈에서 지혜를 얻게 된다. 이는 꿈을 살펴보면 꿈속에서 매우 놀라운 지혜를 발견할 수 있으며 그 지혜로 인해 위기를 보다 쉽게 넘길 수 있다. 그러나 꿈을 아무리 철저하게 해석하더라도 여전히 신비로 남아 있을 수밖에 없다. 꿈의 세계는 너무 기이하고 심오해서 아무도 샅샅이 파헤칠 수는 없기 때문이다.

어떠한 날에는 무척 신비로운 꿈을 꾸는가 하면, 다음에는 보석처럼 아름다운 꿈을 꾼다. 칠흑 같은 밤이 지나가는 동안 우리에게 기적이 일어난다. 창조적이고 생산적인 일은 대부분 낮에 이루어지지만, 밤이 우리에게 축복의 선물로 주는 꿈은 낮에 창조적인 역사에 활기와 깊이 의미를 불어 넣어 준다.

하나님은 꿈속에서 우리를 가장 사랑하신다는 것이다. 이는 우리의 의지와 의식이 가장 약해지는 꿈속에서처럼 우리가 하나님의 말씀에 귀를 기울이는 때도 없기 때문이다. 하나님은 꿈을 통해 우리를 꾸짖으시기도 하고 위로하시기도 한다. 그러므로 우리는 꿈을 통해 하나님과 친밀한 관계를 맺어 내적, 외적으로 완전한 성화를 이루어 가야 할 것이다.

이 세상 어느 누구도 하나님을 직접 바라볼 용기가 있는 사람은 없을 것이다. 그러나 하나님 앞에 나아가 자기를 드러내지 않으면 자기 자신을 알 수 없다. 자기 자신을 바라보려면 먼저 하나님께 자신을 보여 드려야 한다. 꿈을 통해 들여다보는 무의식 세계는 어둡고 희미하다. 그러나 눈에 보이는 것들을 잊지 않고 기억할 때, 꿈으로부터 잠재력과 치유력을 끌어내어 정신적, 영적인 성장을 이루어 갈 수 있을 것이다. 그리고 꿈 자료들을 놓고 깊이 묵상할 때 우리는 하나님 앞에 우리 자신과 이 세상을 적나라하게 드러낼 수 있고, 이로 인해 우리 자신을 보다 속속히 알 수 있다.

그러나 아무리 노력해도 이 땅에서는 하나님은 물론 꿈이나 우리 자신을 완전히 알 수 없고 언제까지나 신비로 남아 있다는 것을 알아야 할 것이다.

3) 꿈의 근원

꿈의 근원은 5가지로 분류된다.
첫째: 마귀로부터 온다(그러나 나중에는 건설적인 꿈으로

바뀔 수도 있다). 하나님을 경외하며 악에서 떠난 욥(1:1)을 사단은 시기하여 그의 생활을 산산조각으로 부수어 패가망신시켰지만(욥 1:9-12) 욥은 선하게 인도하시는 하나님을 찬양한다.

"사람이 침상에서 졸며 깊이 잠들 때에나 꿈에나 밤의 이상 중에 사람의 귀를 여시고 인 치듯 교훈하시나니"
(욥 33:15-16)

"하나님의 신이 나를 지으셨고 전능자의 기운이 나를 살리느니라"(욥 33:4)

욥은 사단으로부터 오는 악한 삶의 현장을 하나님으로부터 오는 꿈으로 건설적이고 생산적인 선한 꿈으로 바꾸어 놓으므로 전보다 배나 복을 받는 삶의 현장을 만들어 놓았다(욥 42:10).
둘째: 하나님으로부터 온다(하나님을 만나 그분을 보다 깊이 알게 된다).

"요셉이 바로에게 대답하여 가로되 이는 내게 있는 것이 아니라 하나님이 바로에게 평안한 대답을 하시리이다"
(창 41:16)

"그 후에 다니엘이 내 앞에 들어 왔으니 그는 내 신의 이름을 좇아 벨드사살이라 이름한 자요 그의 안에는 거룩한 신들의 영이 있는 자라 내가 그에게 꿈을 고하여 가로되…"(단 2:28)

   요셉이나 다니엘을 통해서 보면 꿈과 그 해석은 하나님으로부터 온다는 사실을 확증하고 있다.
셋째: 영혼으로부터 온다. 구원받은 영혼들에게(롬 8:5-7, 9, 14) 임하시는 데(고전 3:16) 크고 놀라운 비밀한 일을 보이신다(렘 33:3). 구원받은 영혼은 하나님께서 교통하는 곳이기에 영적인 내면의 세계는 항상 열려 있다.
넷째: 황홀경과 특수한 상태에서부터 온다.

"꿈에 본즉 사닥다리가 땅 위에 섰는데 그 꼭대기가 하늘에 닿았고 또 본즉 여호와께서 그 위에 서서 가라사대 나는 여호와니 너의 조부 아브라함의 하나님이요 이삭의 하나님이라 너 누운 땅을 내가 너와 네 자손에게 주리니"(창 28:12-13)

   야곱은 변화 산에서의 예수님과 함께 있었던 베드로, 요한, 야고보와 같이, 수천 년 전에 모세와 엘리야를 보았던 것 같이(막 9:2-8), 꿈을 통해 하나님의 광대하신 세계의 높고, 깊고, 넓음을 감지할 수 있었던 것이다.
다섯째: 목적(전도)을 가지고 온다.

"바로가 그 신하들에게 이르되 이와 같이 하나님의 신에 감동한 사람을 우리가 어찌 얻을 수 있으리오 하고…"
(창 41:38)

"이 꿈이 참되고 이 해석이 확실하니이다. 이에 느부갓네살 왕이 엎드려 다니엘에게 절하고 명하여 예물과 향품을 그에게 드리게 하니라 왕이 대답하되 이르되 너희 하나님은 참으로 모든 신의 신이시오 모든 왕의 주재시로다"
(단 2:45-46)

"이같이 사람을 구원할 다른 신이 없음이니라 하고…"(단 3:29)

"박수장 벨드사살아 네 안에는 거룩한 신들의 영이 있은 즉 아무 은밀한 것이라도 내게는 어려울 것이 없는 줄을 내가 아노니 내 꿈에 본 이상의 해석을 내게 고하라"
(단 4:9)

　하나님은 꿈이라는 도구로 만유의 주시오 신 중에 참 신임을 무지(거부)한 자에게 시인케 함으로써 그 분께 무릎 꿇게 하시는 전도의 목적으로 이 꿈을 사용하신다.
　여섯째: 심리적으로 온다.

"일이 많으면 꿈이 생기고…"(전 5:3)

밤 시간은 의식의 활동이 중지됨으로써 배경에 있던 정신이 전면으로 드러남으로써 그런 현상이 경험될 수 있는 것이다. 결국 꿈의 심상에 영향을 받는다는 의미는 무의식적 정신에 영향을 받는 것에 해당한다.

꿈은 잠자는 동안 생산되므로 의식의 개입 없이 드러날 수 있는 무의식의 자발적 산물이다. 꿈은 꿈꾸는 사람이 삶의 현장에서 알지 못하고 넘어갔던 여러 가지 심리적 측면들이 나타나는 현장이다.

우리가 일상생활에서 일어나는 일들에서 야기된 것들에 의해 몰두하여 근심, 염려, 공포, 두려움, 불안, 초조, 긴장, 고독, 상실감, 배신감 등등에 깊이 빠지면 꿈을 통해 시달리거나 마음이 점령을 당한다. 이것은 인간의 마음이 잠을 잘 때도 활동하는 혼적인 반응을 일으키는 것이다.

우리의 마음이 생명의 근원이라고(잠 4:23) 말씀했듯이 마음의 평정을 다스리는(찬송가 466장, 469장) 성령의 지배를 받아야 함을 지적해 두고 싶다.

꿈의 근원이 어디에 있든지 간에 모든 꿈은 나름대로 깊은 의미를 지니고 있다.

우주에 존재하는 모든 것에는 그것을 만드신 하나님의 뜻이 내포되어 있다. 따라서 우리의 꿈도 하나님께서 우리 삶에 부여하신 의미와 목적이 반영되어 있다. 우리들의 꿈에 등장하는 아무리 사악하고 파괴적인 힘도 결국 하나님의 뜻을 전달하고 있기에 우리는 그 힘을 변화시켜서 생산적인 방향으로 이용해야 한다. 즉 하나님께서는 우리 삶에 부여한 목적과 의미를 완전히 달성하기 위해 우리가 반드시 해결해야 할 문제를 꿈을 통해 알려주고 계신다.

사실 우리에게 보다 중요한 것은 꿈이 어디로부터 오는지 캐내는 것이 아니라 우리에게 온 꿈을 어떻게 다루고 해석할 것인가를 알아 가는 것이다. 우리가 꿈을 보는 관점은 분명하다. 그것은 하나님께서 우리에게 정신적인 완전과 영적인 성화라는 궁극적인 삶의 목적을 주시고 꿈을 통해 이 목표를 가지고 우리를 이끌어 가신다는 것이다.

4) 꿈의 의미

에리히 프롬은 꿈에 대한 그의 책에 『잊어진 언어』(The Forgotten Language)라는 제목을 붙였고, 데이비드 포올케스(David Foulkes)라는 한 현대적 연구자는 그의 책에 『꿈의 문법』(A Grammar of Dreams)이라는 이름을 붙였다. 이 두 사람은 모두 꿈이 하나의 언어라고 생각했다. 그리고 그러한 꿈의 언어들은 소리라기보다는 이미지를 가지고 있으므로 다른 모든 언어와 마찬가지로 연구되고 학습되어야 한다고 했다.

꿈은 서로 다른 사람들에게는 다른 것을 의미한다고 볼 수 있다.

아브라함 슈미트(Abraham Schmitt)라는 한 심리학자는 꿈속에서의 감정이 내용이나 상징보다 더 중요하다고 말했다. 그는 우리가 깨어났을 때 꿈을 다시 상기하면서 기록해 두거나 카세트 레코드에 녹음해 두어 내용을 요약하는 것이 가장 좋다고 제안한다. 그는 또한 꿈속에서 느꼈던 감정을 기록하여 꿈의 의미를 파악할 수 있도록 꿈을 현실의 삶과 연결시켜 보라고도 제안한다. 슈미트는 "만약 신중하게 꿈을 재현해 본다면 단 한 가지의 의미밖에 없다는 사실이 분명해질 것이며 그것이 바로 합당한 의미일 것이다"라고 말했다.

그러나 하나의 해석이 옳은지 어떤지를 확신하기란 쉽지 않다. 어떤 사람은 꿈이 장차 일어날 일에 대해 예언해 준다고 말한다. 때로 꿈은 일어난 일의 원인이 되기도 한다. 예를 들면 한 사람이 사고가 나는 꿈을 꾸었다고 하자, 그는 꿈 때문에 더욱 노심초사하여 운전에 주의를 더 기울이게 된다. 그리하여 그 꿈은 간접적으로 사고를 일으키게 되기도 하고, 그 반대로 운전에 주의를 다른 때보다 더 기울여 조심하므로 사고를 미연에 방지할 수도 있는 의미도 갖게 한다.

그런데 망각과 기억의 문제를 생각해 보아야 한다. 대부분은 실제 생활에서는 "실현되지" 않는 수많은 꿈을 꾼다. 그것들은 곧 잊힌다. 우리가 기억하는 꿈은 그 꿈과 유사한 사건이 꿈에 뒤따라 일어나는 희귀한 꿈을 꿀 때이다. 이 꿈들은 자주 기억되며 우리는 그 꿈이 미래를 예언한다고 추정한다.

우리가 꿈을 기억하지 못하는 때는 꿈과 현실의 사건 사이에 어떤 연관성도 찾을 수 없을 때이다. 그럴 때는 실제 삶에서 어떤 연관도 갖지 않는 꿈의 경험들을 무시하게 된다. 그럼에도 불구하고 우리가 알고 있는 그 무엇이 있다. 예를 들어 과거의 경험과 현재의 자극들이 꿈속에 나타난다는 분명한 사실이다. 또한 방광의 압박감이나 사이렌(목소리) 혹은 너무나 추웠던 경험이 모두 꿈의 내용이 될 수도 있으며, 잠자기 바로 직전의 사건에 의해 영향을 받는다는 사실이다.

저녁때의 흥분이나 자극이 보통 꿈속에서 되살아나는 것이다. 만약 배가 고픈 채 잠이 들었다면 음식에 대한 꿈을 꿀 때가 많다. 낮 동안 우리를 괴롭혔던 공포나 근심, 그리고 열등의식들이 꿈속에 스며들 때가 많다. 그러나 꿈이 다른 의미를 지니거나 창의성을 자극한다는 것을 간과해서는 안 될 것이다.

5) 꿈의 운명

(1) 삶의 운명과 목적

운명은 하나님께서 우리를 부르시고 이끌어 가시는 목표이다. 나는 하나님으로부터 삶의 목적과 의미를 찾고 하나님은 내게 운명을 주신다. 우리는 자유의지를 가지고 살아가지만, 우리의 운명은 근본적으로 하나님의 뜻에 달려 있다.

우리는 자신의 운명을 조종하거나 이끌어갈 수 없다.

우리는 자신도 모르는 사이에 누군가의 인도를 받아 자신의 운명을 성취해 갈 뿐이다. 우리는 꿈을 해석하는 동안 자신의 운명을 성취하도록 부르고 이끄시는 하나님의 손길을 느낀다.

필자의 지인 중에 한 분이신 목사님의 간증이 생각난다. 고등학교 졸업을 앞두고 대학 진학을 위해 준비하고 있을 때 꿈에서 십자가에서 피를 흘리고 계시는 예수님을 보았다. 꿈을 깬 후에 해석에 대해 머뭇거리지 않았으며, 그의 신앙 수준에 따라 자신의 죄를 위해 돌아가신 주님을 향한 신앙고백을 하면서 일반대학이 아니라 신학대학으로 진로를 정하고 목회자의 길을 걷는 운명이 결정되었다는 것이다.

창세기 41장 1-57절을 살펴보면 한 사람의 꿈이 자신의 운명과 나라의 운명을 하나님의 섭리(계획) 가운데 인도하고 성취하시는 놀라운 굿 뉴스의 사건을 보게 된다.

요셉이 애굽으로 팔려간 지 만 2년 정도 되었을 때 <애굽 왕 바로>가 꿈을 꾸게 되는데, 자기가 하수가에 서서 보니 아름답고 살진 일곱 암소가 하수에서 올라와 갈밭에서 뜯어 먹고 그 뒤에 또 흉악하고 파리한 다른 일곱 암소가 하수에서 올라와 그 소와 함께 하수가에 섰더니 그 흉악하고 파리한 소가 아름답고 살진 일곱 소를 먹은지라.

<바로>가 곧 깨었다가 다시 잠들어 꿈을 꾸니 <한 줄기에 무성하고 충실한 일곱 이삭이 나오고 그 후에 또 쇠약

하고 동풍에 마른 일곱 이삭이 나오더니 그 쇠약한 일곱 이삭이 무성하고 충실한 일곱 이삭을 삼킨지라>.

<바로>가 깬즉 꿈이라 아침에 그 마음이 번민하여 보내어 애굽에 술객과 박사를 모두 불러 그들에게 그 꿈을 고하였으나 그것을 <바로>에게 해석하는 자가 없었더라. 이에 <바로>가 옥에 갇혀 있는 <요셉>을 불러들여서 <바로>가 <요셉>에게 자신이 꾼 꿈으로 마음이 번민하고 있으나 내가 듣기로는 꿈을 능히 푼다고 하니 속히 풀어달라고 간청한다. 이에 <요셉>이 대답하기를 '내게 능력이 있는 게 아니라, 하나님이 <바로>에게 평안한 대답을 하리라 하고….

<요셉>이 <바로>의 꿈을 풀어 준다. <바로>의 꿈을 풀어 준다.

"일곱 좋은 암소는 일 곱해요, 일곱 좋은 이삭도 일곱해니 그 꿈은 하나이라 그 후에 올라온 파리하고 흉악한 일곱 소는 칠년이요, 동풍에 말라 속이 빈 일곱 이삭도 일곱 해 흉년이며, 하나님이 그 하실 일로 <바로>에게 보이신다 함이 이것이라 온 애굽 땅에 일곱 해에 큰 풍년이 있겠고, 후에 일곱 해 흉년이 들므로 애굽 땅에 있던 풍년을 다 잊어버리게 되고 이 땅이 기근으로 멸망되리니 후에 든 그 흉년이 너무 심하므로 이런 풍년을 이 땅에서 기억하지 못하게 되리라고 하였다.

또한 <바로>에게 꿈을 두 번 겹쳐 구신 것은 하나님이 이 일을 정하셨음이라 속히 행하시리니 이제 <바로>께서는 명철하고 지혜 있는 사람을 택하여 애굽 땅을 치리하게 하시고 <바로>께서는 또 이같이 행하사 나라에 여러 관리를 두어 그 일곱 해 흉년에 애굽 땅의 오분의 일을 거두되 그 관리로 장차 올 풍년의 모든 곡물을 거두고 그 곡물을 거두고 그 곡물을 <바로>의 손에 돌려 양식을 위하여 각 성에 적치하게 하소서 이와 같이 그 곡물을 이 땅에 저장하여 애굽 땅에 임할 일곱 해 흉년을 예비하시던 땅이 이 흉년을 인하여 멸망치 아니하리이다."

<바로>와 그 모든 신하가 이 일을 좋게 여긴지라 <바로>가 그 신하들에게 이르되 이와 같이 하나님의 신에 감동한 사람을 우리가 어찌 얻을 수 있으리요 <요셉>에게 이르되 이 모든 것을 네게 보이셨으니 너와 같이 명철하고 지혜 있는 자가 없도다. 너는 내 집을 치리하라 내 백성이 다 네 명을 복종하리니 나는 너보다 높음이 보좌뿐이니라 <바로>가 또<요셉>에게 이르되 내가 너로 애굽 온 땅을 총리하게 하노라 하고 자기의 인장 반지를 빼어 <요셉>의 손에 끼우고 그에게 세마포 옷을 입히고 금 사슬을 목에 걸고 자기에게 있는 버금 수레에 그를 태우매 무리가 그 앞에서 소리 지르기를 엎드리라 하더라 <바로>가 그로 애굽 전국을 치리하게 하였더라.

애굽으로 형들에 의해 팔려 간 요셉이 애굽 왕의 꿈을 해석해 주므로 졸지에 나라의 국무총리가 되는 명예와 권세를 갖게 되었는데, 이는 순전히 하나님의 섭리 가운데

이스라엘 백성을 구하도록 요셉을 도구로 삼아 기근에서 구하고 종족 보존과 확장을 위한 애굽에서의 요셉의 운명이었다. 이 요셉의 인생이 하나님의 계획에 목적과 성취였던 것이다. 그래서 "마음의 경영은 사람에게 있어도 말의 응답은 여호와께로부터 나오느니라 사람이 마음으로 자기의 길을 계획할지라도 그의 걸음을 인도하시는 이는 여호와시니라"(잠 16:1, 9)는 사실을 여실히 증명한 것이다.

또한 요셉은 민족이 기근으로 회생의 불가능한 막다른 골목에 처해 있을 때 민족의 운명을 구하기 위한 구원투수로 사용하셨다는 사실이다(창 50:19-20). "요셉이 그들에게 이르되 두려워하지 마소서 내가 하나님을 대신하리이까, 당신들은 나를 해하려 하였으나 하나님은 그것을 선으로 바꾸사 오늘과 같이 많은 백성의 생명을 구원하게 하시려 하셨나니"라 한 것은 자신의 운명공동체는 민족에게 있으며, 애굽으로 하나님께서 보낸 것은 그의 사명이며 그의 운명은 민족의 구원에 섭리를 완성하는 것이라는 명백한 증거인 것이다.

(2) 꿈이 주는 운명 에너지

꿈 해석의 있어서 영을 운명이 리드해 간다. 영은 인간을 이루고 있는 여러 차원 중의 하나로 하나님과 직접 교통하는 기능뿐 아니라, 우리의 운명을 이끌어 가는 에너지를 지니고 있다. 사람들이 특수한 상황에 처할 때 종종 자신의 미래를 알게 되는 것은 바로 이 영 때문이다.

우리의 영은 주로 꿈을 통해 하나님과 교통하여 하나님이 마련해 놓으신 운명을 우리에게 알려주는 역할을 한다. 그러므로 어떤 의미에서 꿈은 우리 영의 목소리이다. 꿈 해석을 통해 우리는 이 영의 목소리를 듣고 그 메시지를 따라 살아가는 방법을 배우게 된다. 그리고 우리의 자아와 영은 서로 관계를 맺고 협력한다. 자아 자체만으로는 자신의 운명을 알 수 없지만 영과 관계를 맺어 하나님이 우리를 위해 마련해 놓으신 목적을 깨달아야 할 중대한 책임이 자아에게 있다. 피할 수 없는 사건은 우리가 선택하는 것이 아니라 우리에게 주어지는 것이다. 그러나 이러한 사건을 거부하지 않고 자신의 것으로 받아들일 때, 이 사건을 통해 하나님이 우리에게 주신 운명, 다시 말해 우리 삶의 궁극적인 목적을 보다 충실하게 이루어 나갈 수 있다.

불가피한 사정으로 원치 않는 어떤 비극적인 일이 일어났을 때 삶을 포기하거나 절망하는 것만이 전부는 아니다. 우리는 자유의지를 사용하여 이 비극적인 사건을 자신의 삶으로 받아들일 수 있다. 현실을 부인하는데 삶의 에너지를 모두 소모하지 말고 이 사건을 주어진 운명으로 받아들인다면 자신의 삶과 조화를 이루어 갈 수 있다. 이렇게 되려면 먼저 운명을 피할 수 없음을 인정하고 분노, 좌절, 공포, 절망, 긴장 등을 억누르지 않은 상태에서 자유롭게 분출되도록 놓아두어야 한다. 분출하고 남은 삶의 조각들을 모아서 보다 정교하게 단련된 삶으로 성장시켜 나가야 하고, 우리의 자유의지로 이 사건을 자신의 운명으로 받아들여야 한다. 그리고 보다 원대한 하나님의 섭리 속에서 이 사건이 어떤 의미가 있는지 발견해 가야 한다.

하나님은 우리에게 이루어 가야 할 운명을 주시고 우리는 추구해야 할 목표를 하나님으로부터 찾는다. 피할 수 없는 사건은 관계 속에서 일어나므로 그 속에서 그 진정한 의미를 찾아야 한다. 운명과 추구해야 할 목표, 그리고 피할 수 없는 사건이 서로 교차하면서 우리의 인생 여정이 만들어져 가는 것이다.

운명은 자신의 의지나 선택을 초월하여 우리의 삶을 이끌어 가는 힘을 지니고 있다. 운명은 우리의 생각과 행동에 큰 영향을 줌으로써 우리를 보다 완전한 성화로 이끌어 간다.

(3) 운명에 대한 결단과 결과

이 책의 추천서를 써주신 목사님의 간증이다. "나는 진로에 대하여 가장 고민이 많았던 고등학교 3학년 여름 방학 때, 친구와 교회에서 잠을 자다가 꿈을 꾸었는데, 꿈에서 주님이 나를 찾아오셨다. 꿈속에서 우리 예수님이 묶이시고 가시관을 쓰시고 사람들에게 조롱과 모욕을 내 눈앞에서 당하셨다. 나는 예수님을 모욕하고 괴롭히는 사람들 앞을 막아서면서 예수님을 보호하며 예수님이 무슨 죄가 있냐고 따져 물었다. 그런데 그중 한 명이 손가락으로 나를 가르치며 '네 죄 때문이다'라고 날카롭게 지적했다. 나는 본래 모태 신앙이었으나 말씀대로 살지 못하는 나에 대한 죄책감이 많았었다. 그런데 내 죄 때문에 예수님이 고통받고 계시다는 사실이 온몸의 세포로 느껴졌다. 어려서부터 수백 번 들었던 복음이 귀에 들려왔다. 새벽기도 종소리에 꿈에서 깨어날 때 나는 얼마나 울었는지 윗도리 목 부분이 눈물로 젖어 있었다. 꿈에서 깨어나 함께 자던 친구를 깨우면서 했던 첫 마디가 '친구야! 하나님이 살아 계셔'였다. 그러고는 새벽기도회에 참석했다. 그 후 나같이 교회에서 자랐지만, 거듭나지 못한 사람들에게 복음을 전해야 할 사명을 깨닫고 이때부터 누구든지 만나면 닥치는 대로 전도했다."

이 목사님은 꿈을 통하여 자신의 운명이 복음을 전하는 사명임을 알게 되었고 마침내 결단하여 그에 따른 결과를 본 것이다.

하나님께로부터 부여하신 운명이 인도하는 대로 살아갈 것을 결단하고 나면 6가지 차원에서 영적인 성장을 경험하게 되는데 다음과 같다.

첫째: 모든 일에서 자아, 즉 자기중심적인 태도나 소원 또는 욕구 등을 앞세우지 않는 습관을 가지고 의식적으로 살아갈 수 있다.

둘째: 자아를 보다 튼튼하게 하여 모든 선택의 주체가 되게 함으로써 나 자신의 이기적인 목적보다는 하나님의 원대한 섭리에 따라 의식적으로 살아갈 수 있다.

셋째: 나의 운명대로 인도하시는 하나님과의 관계를 보다 깊고 풍요롭게 가꾸어 갈 수 있다.

넷째: 꿈을 통해 들려오는 하나님의 음성에 귀 기울이게 됨으로써 어떠한 습관과 타성에 벗어나 운명을 보다 효과적으로 성취해 갈 수 있는지 알게 된다.

다섯째: 피할 수 없는 사건을 능동적으로 대처해 나간다. 즉 삶의 여정을 수정하거나 발전시켜 자신의 운명을 향해 용기 있게 나아가게 된다.

여섯째: 하나님이 이 세상을 위해 이루어 가시는 목적에 동참함으로써 삶의 진정한 의미를 깨닫고 적극적으로 살아가게 된다.

(4) 운명에 관한 꿈은 삶을 풍요롭게

운명에 관한 꿈은 하나님과의 관계, 그리고 다른 사람들과의 관계가 어떤 상태에 있는지 알려주고 어떻게 해야 이 관계들을 보다 풍요롭게 가꾸어 갈 수 있는지 깨닫게 해 준다.

필자는 청년 시절에 교회에서 꾸었던 꿈을 기억한다. "가족의 울타리를 입에서 피를 쏟고 빙빙 돌았다." 꿈에서 깨어난 직후에 꿈이 해석되었다. 지금의 나의 가족관계의 상태와 운명적인 하나님과의 관계에서 이루어 가실 임마누엘의 손길을 직감하였고 가족 구원의 과정에서 치러야 할 희생을 예견한 꿈이었다.

이 꿈의 종국에는 부모, 형제, 친척, 가문들로부터 주어진 질곡과 핍박의 터널을 거치면서 "주님 안에서는 모든 것이 합력하여 선이 이루어진다"는 신앙의 참된 진리를 터득하게 되었고, 주를 위한 희생은 결코 헛되지 않을 뿐 아니라 그에 대한 대가가 지불된다는 약속을 확인했으며 "천사도 흠모하는 구령 사역의 종"이 되는 은혜를 선물로 받았고, 그에 따르는 풍요를 누리게 되었다.

이 책의 추천사를 써주신 목사님의 목회 현장에서의 성도들의 간증을 들어 보자. "부모 세대에 우상을 많이 섬기던 성도들의 자식이 교회에 나오는데 귀신이 역사했다. 몸을 짓누르고 공격해 왔다. 그러나 예수님을 영접하고 귀신이 공격하고 겁을 주어도 나의 주인은 그리스도다, 주는 그리스도이시며 살아 계신 하나님의 아들임을 고백하고 나타날 때마다 선포했다. 귀신은 꿈에 억울하다고 반복적으로 고백하며 떠났다." 귀신은 속이고 죽이고 멸망시키려고 하지만, 그러나 결국 주님은 "내가 온 것은 양으로 생명을 얻게 하고 더 풍성히 얻게 하려는 것이라(요 10:10)는 말씀대로 생명을 얻을 뿐 아니라 풍성한 은혜를 부어 주시는 주님이신 것이다.

열왕기상 3장 4-15절을 보면, 솔로몬이 왕위에 오르자마자 기브온에 있는 유명한 신전을 찾아가 제사를 드린 것은 자신의 운명을 알려주는 꿈을 꾸기 위해서였다. 그가 희생제물을 드린 것은 자신의 통치 기간 동안 하나님의 축복을 받기 원했기 때문이었다. 그리고 꿈을 요청하여 꾼 것은 자신의 운명과 이제부터 다스려야 할 백성들의 앞날을 알기 위함이었다.

이 꿈은 하나님과 솔로몬의 꿈 자아가 나누는 대화로 이루어져 있다. 꿈속에서 하나님은 솔로몬에게 선택할 수 있는 권한을 주면서 어떤 선물을 원하느냐고 묻는다. 솔로몬은 이에 선과 악을 판별할 수 있는 지혜를 달라고 말한다. 이러한 지혜가 없으면 하나님의 위대한 백성을 다스릴 수 없다고 생각했기 때문이었다(왕상 3:9). 솔로몬은 자기 자신보다는 백성에게 이익을 주는 선물을 구했다. 만일 사람들에게 소원을 말하라고 했다면 대부분 장수, 부귀, 승리, 성공 등을 비롯한 이기적인 목적을 이야기했을 것이다. 그러나 솔로몬은 백성을 위해 지혜를 구했고, 이로 인해 장수, 부귀, 승리 등도 덤으로 얻게 되었다.

또한 창세기 40장 5-9절에 보면, 술 맡은 관원장과 떡 굽는 관원장의 꿈을 통해서나, 다니엘 2장에 느부갓네살 왕의 꿈, 다니엘 5장 1-30절에 벨사살 왕의 꿈, 창세기 37장 5-11절에 17세의 요셉의 꿈 등을 통해 볼 수 있듯이 개인의 운명을 결정짓는 꿈 해석도 있기에 운명에 관한 꿈은 대부분 매우 심오해서 수년 동안 꾸준히 해석해야만 알 수 있지만, 쉽게도 이해할 수도 있다.

요셉이나 다니엘을 통해 볼 수 있듯이 꿈은 종국에는 풍요로운 삶의 현장을 만든다는 사실을 잊지 말아야 한다.

(5) 운명의 꿈을 주는 기술

운명에 관한 꿈을 꾸기 원할 때는 준비해야 할 믿음과 마음 자세가 필요하다.

첫째: 기도나 금식 또는 희생을 통하여 꿈을 받아들일 준비를 한다. 그리고 잠자리 옆에 펜과 종이를 놓아두고 잠들기 전에 하나님께 자신의 운명을 알려주는 특별한 꿈을 달라고 간구한다.

둘째: 꿈의 씨를 심는다. 잠들기 전에 상상력을 동원하여 꿈의 씨를 내 안에 심어 싹이 트게 한다. 꿈의 씨가 가슴이나 머리에 심겨지는 장면을 상상하면서 잠에 빠져드는 동안 운명을 알려주는 꿈을 달라고 하나님께 계속해서 구한다.

셋째: 잠에서 깨어나자마자 꿈을 기록한다. 그리고 이 꿈이 자신의 운명과 삶의 목적을 알려줄 것이라고 기대하면서 꿈 해석을 시작한다.

(6) 기억나는 꿈과 운명

어렸을 때 꾼 꿈 중에서 어른이 되어서도 잊히지 않고 계속 기억나는 꿈들이 있는데, 그 이유는 대부분의 꿈들이 우리의 운명에 대해 무엇인가 말하고 있는데도 우리가 그것을 깨닫지 못하기 때문일 수도 있다(요셉의 꿈). 이 꿈들이 오랫동안 기억에 남아 알 수 없는 불안이나 희망을 일으키고 있다면 그 이유 때문에라도 이 꿈들을 올바로 해석하는 것은 매우 중요한 일일 것이다.

어떤 남자는 치명적인 질병으로 죽어가는 사람들을 보살피는 일에 종사하고 있었다. 그가 기억하는 최초의 꿈은 열린 관 앞에 서서 그 안에 누워 있는 시체를 걱정스럽게, 그러나 별다른 두려움 없이 들여다보는 꿈이었다. 이 꿈에 초점을 맞추고 깊이 묵상하면서 기초적인 꿈 해석 기술들을 적용해 본 결과 이 꿈이 치명적인 질병으로 죽어가는 사람들을 돌보아야 할 자신의 운명을 예고하고 있음을 깨닫게 되었다.

어렸을 때 꾼 꿈을 지금까지도 생생하게 기억한다면 그것은 하나님이 주신 꿈 중에서도 가장 귀한 선물로 여기는 것이 좋다. 이 꿈이 다른 어떤 꿈보다 훨씬 복잡하고 어려워서 해석하는데 오랜 시간이 필요하다고 하더라도 그만한 가치가 충분히 있다는 것을 알아야 할 것이다.

이처럼 꾼 꿈을 자신의 운명과 목적에 관한 꿈으로 여기고 신중하게 해석해야 한다. 진정으로 기뻐할 수 있는 영적 에너지를 얻게 될 것이다.

6) 꿈과 통전적 완성

영적 지도자는 영적인 문제, 즉 삶의 의미, 추구, 신앙 발달, 가치체계, 운명, 하나님과의 관계 등을 다루는 반면, 정신 치료자는 주로 성격 문제, 자아 발달, 성, 인간관계,

갈등, 의존, 그리고 신체적, 정신적, 지적, 사회적 욕구 등 정신적 문제에 초점을 맞춘다.

영적인 성장이나 정신적인 발달 어느 하나만으로는 부족하고 이 둘이 균형과 조화를 이루어야만 완전한 인간으로 성장할 수 있다. 우리 내부에는 이 두 부분의 성장을 균형 있게 이루어 가려는 욕구가 자리 잡고 있는데 우리를 보다 완전한 성장으로 이끌어 가는 것은 바로 이 욕구이다. 이 꿈 해석이 영의 욕구와 자아의 정신적인 욕구를 모두 충족시켜 줄 수 있기 때문이다.

영적인 차원에 관심이 있는 치료자들은 아무리 문제가 어렵고 복잡하더라도 치유될 수 있다는 낙관적인 태도를 지니고 있다. 그리고 영적인 훈련을 잘 알고 있으며, 기도나 명상을 통해 자신의 영적인 삶을 풍요롭게 가꾸어 간다. 그들은 삶의 정신적인 면과 영적인 차원을 통전시켜야 할 필요성을 절실하게 느끼고 있다.

한 노인 부부가 은사 집회에 참석하고 나서 갑자기 방언이 튀어나오는 등, 자기 제어 능력을 잃어 극심한 불안을 느끼고 정신 치료자를 찾아갔다. 그들은 다음과 같이 말했다. "기도 모임을 마치고 집으로 돌아왔을 때 우리는 무엇이 현실이고 무엇이 환상인지 구별할 수 없는 혼란에 빠졌습니다. 내 안에 잠자고 있던 알지 못하는 어떤 힘이 깨어나 나를 사로잡고 있는 것 같았습니다."

이 부부가 영적인 신비한 체험을 했다는 것은 부인할 수 없는 사실이다. 그들에게 부족했던 것은 다만 영적인 체험을 자신의 일상적인 삶에 정신적으로 수용하지 못하고 있었다는 것이다. 그들은 자아를 성장시켜서 방언이라는 신비한 경험을 받아들여 자기 것으로 만들 수 있어야 했다. 심리학적인 관점에서 보면 그들은 이 영적인 에너지를 주시는 분과 깊은 관계를 맺고 자기 내부에 용솟음치는 이 에너지를 조절하면서 사용할 수 있어야 했다. 이 부부는 정신적인 치료와 영적인 도움 중 어느 하나가 아닌 둘 다 필요했다.

꿈 해석은 정신적인 완전, 성격, 발달, 자아, 성장, 무의식 세계의 이해, 의식적인 삶에도 매우 효과적이다. 그러므로 꿈 해석을 꾸준히 하게 되면 자신도 모르는 사이에 정신적으로 큰 성장을 할 수 있을 것이다.

꿈 해석은 자신의 성격을 긍정적인 관점에서 보다 새롭게 이해하고 갈등을 해소시켜 주는 창조적인 에너지를 얻게 해줌으로써 병든 마음과 영의 건강을 회복할 수 있도록 도와준다.

영적인 관점에서 보면 꿈 해석은 하나님과 깊은 풍요로운 관계를 맺는 통로임이 분명하다. 그러나 심리학적인 관점에서 보면 꿈은 또한 자기 자신을 발견하고 이해하는 가장 효과적인 수단이기도 하다.

우리는 육체를 지니고 있는 육적인 존재일 뿐 아니라 영적인 존재이기도 하다. 하나님 나라에 들어가 완전한 삶을 갖는 것은 육체와 영이 하나를 이루고 있는 통전적인 삶을 말하는 것이다. 하나님은 외부 세계만 통치하시는 것이 아니라 꿈, 무의식, 지식, 지혜, 영감 등으로 이루어져 있는 우리와 내부 세계도 이끌어 가신다.

　필자는 자녀의 취직 문제로 기도하는 가운데 자아(생각으로 기도 내용들을 입으로 쏟아내는)의 감각이 둔해지면서 아무 생각이 나지 않을뿐더러 입을 봉해지게 하는 강력한 힘이 가해지면서 머리를 통해서 무엇인가 밑으로 내려오는 것이 나의 가슴에서 멈추어지면서 갑자기 입에서 튀어나오는 말이 "큰 봉투"이었다. 사실은 자녀의 취직을 위한 기도의 주목적은 세 곳의 회사에 입사원서를 접수한 상태로 두 회사는 이미 합격이 되어 있었지만, 연봉과 전망이 불투명하기에 저울질하면서 고민하고 있었고 한 곳은 "큰 봉투"의 서류를 가지고 면접을 준비하고 있었다.

　기도를 통한 자아가 봉쇄되면서 무의식의 활동은 영적(영감)인 성령의 역사인 것이다. 영적인 일은 자아가 멈추어질 때에 일어나는데, 즉 자신을 비우고 하나님에게 맡길 때 그분의 일하심을 경험하게 된다.

　자녀를 위한 기도의 응답은 "큰 봉투"를 가지고 면접을 본 회사로 취업의 성공을 하였던 것이다.

　그리고 하나님은 그중에서도 특히 꿈을 통하여 우리의 영을 끊임없이 돌보고 가꾸신다.

　꿈은 또한 공동체 전체를 위한 하나님의 메시지도 전달한다. 따라서 꿈을 꾸준히 해석하다 보면 개인적으로 성숙해질 뿐 아니라 공동체 전체도 크게 성장할 수 있다.

　꿈과 꿈 해석은 자기중심적인 삶의 목표를 포기하고 하

나님으로부터 부여받은 궁극적인 목적에 맞추어 살아갈 수 있도록 도와준다. 따라서 꿈을 꾸준하고 성실하게 해석하는 사람들이 늘어 가면 늘어갈수록 이 지구는 서로 조화를 이루어 보다 평화롭게 살아가는 하나님의 나라로 변화되어 갈 것이다.

7) 꿈과 신학

현대 기독교인들은 꿈이 하나님의 독특한 계시 수단이라는 사실을 선뜻 받아들이려 하지 않았다. 하나님은 오로지 성경을 통해 자신의 귀중한 신앙의 유산을 우리에게 전해 주고 있다. 그리고 성경을 해석하여 그 진정한 의미를 밝혀낼 때 우리에게 주시는 하나님의 말씀을 깨달을 수 있는 것도 사실이다.

그러나 성경만이 유일한 하나님의 계시 수단이라고 할 수는 없다. 적어도 모세가 하나님으로부터 십계명을 받을 때까지는 고대 히브리인들에게 글로 기록된 성경이 전혀 없었지만, 우리 기독교인들이 본받아야 할 신앙의 조상으로서 조금도 손색이 없을 정도로 하나님의 말씀을 따라 충실하게 살아갈 수 있었던 것은 그들에게 하나님의 뜻을 아는 또 다른 통로들이 있었기 때문이었다.

첫째: 그들은 꿈, 환상, 예언, 영감 등 내적인 경험을 통해서 하나님을 만났다.

둘째: 그들은 외적인 경험, 즉 하나님의 백성으로서 개

인적으로 또는 공동체 전체가 겪는 사건들을 통해서 하나님의 뜻을 발견할 수 있었다. 히브리인들의 내적, 외적인 경험들은 수세대에 거쳐 입에서 입으로 전해져 내려왔다. 이 경험들이 글로 기록되어 성경이 된 것은 먼 후대의 일이었다.

그때 히브리인들은 자신의 경험을 깊이 명상하는 가운데 하나님이 그들에게 어떤 일을 하시려고 하는지 깨달을 수 있었다. 그들은 꿈과 환상을 소중하게 여기고 올바른 해석을 해야 할 필요를 느꼈을 뿐 아니라 꿈과 환상이 하나님께 나아가 그분의 뜻에 자기 자신을 온전히 맡기는 통로임을 알게 되었다. 초기 제1세기 기독교인들은 구약성경만 가지고 있었다. 그러나 그들은 하나님께서 이 성경에 분명하게 드러나 있지 않은 새로운 공동체를 계획하고 계신 사실을 꿈, 환상, 영감 등을 통해 알게 되었다. 기독교 공동체가 싹이 트고 자라나는 각 단체마다 하나님은 이처럼 직접적인 계시를 통해 자신의 뜻을 사람들에게 알려 주셨던 것이다. 사도행전이 꿈과 환상과 예언, 영감으로 가득 차 있는 것은 바로 이 때문이다. 하나님께서는 기독교인들의 영 안에 거주하시면서 그들의 삶과 신앙 공동체를 이끌어 가셨다.

꿈 해석 경험을 통해 다음과 같이 신학을 정립할 수 있다.

(1) 지금까지 의식하지 못했던 엄청난 에너지의 근원과 만나게 해 준다.

(2) 우리의 의식 세계와 무의식 세계를 하나로 통전시킬

수 있도록 도와준다.

(3) 성장에 필요한 지혜와 통찰을 준다.

(4) 우리의 타고난 창조성과 직관력을 사용할 수 있게 해 준다.

(5) 더 이상 방황하지 말고 삶의 궁극적인 목적을 향해 나아가라고 우리를 부르신다.

(6) 상징 언어를 가르쳐 주고 이 언어를 통해 우리와 친밀하게 교통하신다.

(7) 이 세상에서 이루어 가시는 하나님의 역사에 보다 의식적으로 참여할 수 있게 도와준다.

(8) 이 세상에서 일어나는 일들을 조종하거나 제어할 수는 없지만 이 일들에 대한 자신의 태도를 변화시켜 보다 효과적으로 대처할 수 있게 해 준다.

(9) 우리를 사로잡고 있는 불안이나 공포의 뿌리를 찾아내어 이를 극복하게 해 주고 사랑과 평안과 신뢰를 되찾게 해 준다.

(10) 우리 내부에 숨어 있는 치유 에너지를 끌어내어 자기 것으로 만듦으로써 실제로 당하는 악몽과 같은 사건과 위기들을 슬기롭게 극복할 수 있도록 도와준다.

꿈과 꿈 해석을 이와 같은 관점에서 이해하는 것은 기독교 꿈 해석 전통과 일치한다.

2장 꿈 해석

1) 꿈 해석이란 무엇인가?

　꿈은 해석되지 않으면 완전한 꿈이라고 할 수 없다. 해석되지 않는 꿈은 마치 봉투를 열지 않은 편지와 같다고 할 수 있다. 꿈 해석은 자신의 꿈에 대한 의식적이고 의도적인 반응이다. 그러므로 적절한 기술을 사용하여 꿈을 해석함으로써 우리는 꿈으로부터 정신적인 완전과 영적인 성화로 나아가는 길과 하나님과 더 친밀해지는 방법을 알게 될 것이다.
　꿈을 편지라고 한다면 틀림없이 그것을 보낸 분이 있을 것이다. 그리고 꿈을 꾼다는 사실은 우리와 꿈을 보낸 분과의 사이에 어떤 관계가 있음을 의미한다.
　꿈 해석은 바로 이러한 관계와 관련이 있다. 꿈 해석은 봉투를 열어 편지를 꺼내 읽고 이에 적극적으로 반응하는 것이다. 꿈 해석은 하나님의 뜻을 의식적으로 찾아내어 그 뜻에 자발적으로 따른 것이다.

이 땅에 태어날 때 부여받은 자신의 소명을 보다 충실하게 이루어 가는 방법들을 꿈을 통해 발견하게 될 것이다.

(1) 꿈 해석의 선결 사항

수많은 꿈을 모두 해석할 수 없기 때문에 특별한 사건을 중심으로 꾼 꿈을 고르는 것이 정확하고 올바른 해석을 이끌어 낼 수 있다.
첫째: 특별한 꿈이란 중요하게 생각되는 것이다.
둘째: 감정을 강하게 흔들어 놓는 것이다.
셋째: 잊히지 않는 것이다.
넷째: 자주 반복해서 나타나는 것이다(창 41:32, 바로의 꿈).
다섯째: 꿈에서 깨어날 때 매우 불안하거나 스트레스, 긴장, 주저, 초조 등이 쌓여 있을 때 꾸는 꿈들을 구분해 놓아야 한다.
여섯째: 변화가 생겼을 때 꾸는 꿈이나 특별한 날을 중심으로 꾸는 꿈들을 잘 살펴보면, 이때 꾸는 꿈으로부터 지혜와 에너지를 충분히 끌어낼 필요가 있다. 이는 꿈이 안정 에너지를 가지고 있기 때문이다.

(2) 꿈의 해석을 통한 삶의 현장

첫째: 지금까지 의식하지 못했던 에너지의 근원과 만나게 해 준다.

둘째: 우리의 의식 세계와 무의식 세계를 하나로 통전시킬 수 있도록 도와준다.

셋째: 성장에 필요한 지혜와 통찰을 준다.

넷째: 우리의 타고난 창조성과 직관력을 사용할 수 있게 해 준다.

다섯째: 더 이상 방황하지 말고 삶의 궁극적인 목적을 향해 나아가라고 우리를 부르신다.

여섯째: 상징 언어를 가르쳐 주고 이 언어를 통해 우리와 친밀하게 교통하신다.

일곱째: 이 세상에서 이루어 가시는 하나님의 역사에 보다 의식적으로 참여할 수 있게 도와준다.

여덟째: 이 세상에서 일어나는 일들을 조종하거나 제어할 수는 없지만 이 일들에 대한 태도를 변화시켜 보다 효과적으로 대처할 수 있게 해 준다.

아홉째: 우리를 사로잡고 있는 불안이나 공포의 뿌리를 찾아내어 이를 극복하게 해주고 사랑과 평안과 신뢰를 되찾게 해준다.

열째: 우리 내부에 숨어 있는 치유 에너지를 끌어내어 자기 것으로 만듦으로써 실제로 당하는 악몽과 같은 사건과 위기들을 슬기롭게 극복할 수 있도록 도와준다.

꿈 해석을 하다 보면 자신의 꿈이 보다 분명하고 의미 있게 다가오는 것을 경험하게 된다. 꿈을 해석하고 나면 꿈은 새로운 모습으로 나타나서 우리의 성격과 삶 그리고 하나님과 관계에 커다란 변화를 준다.

삶을 소중한 선물로 받아들일 때 모든 꿈이 사랑스럽게 느껴질 수 있다. 사랑은 관심이다. 이러한 의미에서 볼 때 꿈 해석은 꿈에 대한 관심 어린 사랑의 과정이라고 할 수 있다. 다시 말해 꿈 해석은 사랑과 감사의 과정이다. 꿈 해석은 꿈을 선물로 믿는 것에 대한 감사와 꿈을 주신 하나님을 향한 깊은 사랑으로 이루어져 있기 때문이다.

여기서 꿈 해석에 있어서 그 열쇠는 하나님께 있다는 사실도 잊어서는 안 될 것이다.

"바로가 요셉에게 이르되…들은즉 너는 꿈을 들으면 능히 푼다더라 요셉이 바로에게 대답하여 가로되 이는 내게 있는 것이 아니라 하나님이 바로에게 평안한 대답을 하시리이다"(창 41:15-16)

꿈 해석은 꿈꾼 자신에 있지만 그렇지 않은 해석은 하나님께만 그 열쇠가 있다는 것이다.

2) 꿈 해석과 영적 삶의 인도

(1) 희망적인 삶의 인도

꿈을 해석할 때 그들의 영적인 성장과 성격 발달을 하나로 통전시켜 주는 지혜와 통찰을 얻을 수 있다. 이밖에 영적 지도자나 교인들에게 하나님이 원하시는 길을 따라 살아갈 수 있다는 희망과 자신감을 안겨준다. 우리가 하나님이 원하시는 궁극적인 목표로 나아가기를 주저하거나 옆길로 갈 때마다 하나님은 꿈을 통하여 앞으로 곧바로 나아가라고 우리를 부르신다.

꿈은 통찰뿐 아니라 통찰을 행동으로 옮길 수 있는 에너지도 함께 주고 우리의 궁극적 목표인 정신적인 완전과 영적인 성화로 하나로 통일시켜 준다.

첫째: 다니엘은 모든 이상과 몽조를 깨달아 알았다(단 1:11).

둘째: 이를 바벨론 왕 느부갓네살왕이 온 나라 박수와 술객보다 십 배나 나은 줄을 알고 있었다(단 1:20).

셋째: 느부갓네살왕의 꿈을 해석하므로 다니엘에게 느부갓네살왕이 절하고 예물을 드리게 한다(단 2:46).

넷째: 꿈 해석으로 하나님의 인도하심을 깨닫게 된다. "왕께 구하기를 기한하여 주시면 왕에게 그 해석을 보여 드리겠다 하니라 이에 이 은밀한 것이 밤에 이상으로 다니엘에게 나타나 보이매 다니엘이 하늘에 계신 하나님을 찬송하니라"(단 2:16-19)

이처럼 꿈 해석은 삶에 대한 희망과 성장할 수 있다는 자신감을 우리에게 불어 넣어 주고 하나님이 주신 삶의 목적을 혼자서가 아니라 하나님과 함께 이루어 간다는 희망적인 사실을 늘 상기시켜 준다. 다니엘이 꿈을 통해 그와 함께하시는 하나님이 그의 삶에 희망적으로 인도하고 계시다는 사실을 안 것이다.

(2) 운명의 인도자

꿈은 영적 삶의 각 단계와 시시각각으로 성장함으로 영의 모습을 보여 준다. 영적인 삶은 예상 밖의 갈등과 도전과 몸부림으로 가득 차 있다. 그러나 꿈은 이와 같은 뜻밖의 위기들을 슬기롭게 극복할 수 있는 대안들을 알려 준다.

요셉이 꾼 꿈은 그를 영적인 자로 장래를 바라보게 하였을 뿐 아니라 삶의 한가운데서 하나님의 인도하심을 믿었으며 확신하였기에 하나님께 그의 삶 전체를 맡긴 대표적인 사례이다.

"요셉이 그들에게 이르되 청컨대 나의 꾼 꿈을 들으시오 우리가 밭에서 곡식을 묶더니 내 단은 일어서고 당신들의 단은 내 단을 둘러서서 절하더이다 요셉이 다시 꿈을 꾸고 그 형들에게 고하여 가로되 내가 또 꿈을 꾼즉 해와 달과 열 한 별이 내게 절하더이다 하니라 그가 그 꾼 꿈으로 부형에게 고하매 아비가 그를 꾸짖고 그에게 이르되 너의 꾼 꿈이 무엇이냐 나와 네 부모와 네 형제들이 참으로 가서 땅에 엎드려 내게 절하겠느냐"(창 37:6-11)

그러나 이 꿈이 이루어질 것을 확신하고 그의 장래를

하나님께 전적으로 의지하고 꿈의 성취를 잃지 않았기에 핍박과 고통의 악조건, 악상황, 악여건 속에서도 극복할 수 있는 소망을 가졌던 것이다.

　형제들로부터 미움받음(창 37:8, 20-36), 성적 유혹을 극복(창 39:7-18), 누명을 쓰고 옥에 갇힘(창 39:18-19)에도 불구하고 꿈이 성취되었다.

"때에 요셉이 나라의 총리로서 그 땅 모든 백성에게 팔더니 요셉이 형들이 와서 그 앞에서 땅에 엎드려 절하매"(창 42:6)

"요셉이 집으로 오매 그들이 그 집으로 들어가서 그 예물을 그에게 드리고 땅에 엎드리어 절하니 그들이 대답하되 종의 종 우리 아버지가 평안하고 지금까지 생존하였나이다 하고 머리 숙여 절하더라"(창 43:26, 28)

　운명이 우리를 궁극적인 목적으로 이끌어 가는 길에는 예상치 못하는 위기들로 가득 차 있다. 그러므로 우리에게 자신의 운명을 받아들이고 그 운명에 따라 살아가도록 끊임없이 촉구하는 꿈이 없다면 영적인 삶은 불가능할지도 모른다. 우리의 의식과 의지의 두터운 장벽을 허물고 마음을 열 때 우리는 궁극적인 목적으로 부르시는 하나님의 세미한 음성을 들을 수 있을 것이다.

3) 꿈 해석과 예언

(1) 기이한 꿈의 태도

성경 예언이 만약 꿈으로부터 오지 않고 구전(口傳)이나 선지자들의 예감(豫感) 등에 의해서 내려진 것이라면 그것은 인간의 지혜를 초월한 것은 아무것도 없다고 보아야 한다. 또 하나님이 선지자들의 꿈을 통해서 예언하지 않으셨다면 그 예언의 진실성과 실제 하신 하나님을 증거하기는 어려워졌을 것이다.

"주 여호와께서는 자기의 비밀을 그 종 선지자들에게 보이지 아니하시고는 결코 행하심이 없으리라"(암 3:7)

그런데 혹자는 성경 말씀에 꿈꾸는 자, 거짓 선지자를 멀리하라고 해서(신 13:1-3) 덮어놓고 꿈을 죄악시하려고 한다면, 그것은 성경과 하나님을 제대로 알지 못하는 것이다. 우리 속담에 "구더기 무서워 장 못 담근다"라고 했는데, 이는 작은 문제나 어려움 때문에 중요한 일을 하지 못하는 어리석음을 경계하는 의미에서 한 말이듯이 거짓 꿈으로 선지자 노릇을 하는 자들에게 경고하는 것으로써 성령에 의한 꿈을 꾼 것도 아니고 또 그 꿈을 올바로 해석하지도 못하면서 성령의 말씀이라 빙자하고 진리 아닌 것을 진리인 것처럼 말해서 사람들을 미신으로 빠뜨리거나 다른 신과 우상을 만들어 내는 일들이 있기 때문임을 알아야 한다. 사람들은 누구나 꿈을 꾸고 있다. 비록 성령에 의한 꿈을 꾸지 못하더라도 그 누구의 꿈이든지 꿈은 신성에 가까운 자기 정신의 일면인 것이다.

꿈의 세계의 저 깊은 밑바닥에는 너무 복잡하고 신비해서 혼란을 일으킬 때가 있다. 꿈을 보면 보통 꾸는 것과 다른 질문과 의문을 불러일으키는 특이한 꿈이 있는데, 이런 꿈은 강렬한 영에 사로잡혀 기억에 오래 남아 뇌리에서 지울 수 없는 꿈이다.

꿈은 그 내용이 아무리 이상하고 기이해도 우리의 정신적인 발달과 영적인 성장을 도우려고 하나님이 주시는 선물이다. 즉 꿈을 통해 하나님이 이루시려고 하는 궁극적인 목적은 우리의 완전과 성화이다. 따라서 의미가 없는 꿈이라도 적절하게 해석해야 한다.

소위 예언 꿈을 꾸었을 때 우리가 취해야 할 태도는 이 꿈이 매우 기이한 예언의 세계를 보여 줄 수 있다는 가능성을 무시하지 않으면서도 이 꿈을 일상적인 보통 꿈으로 여기고 해석해 나가는 것이다. 다시 말해 예언 꿈을 해석할 때 우리는 미래 예언보다는 의도적으로 정신적인 발달과 영적인 성장에 초점을 맞추어야 할 필요가 있다. 그리고 우리의 현실 세계와 매일의 일상적인 삶에 기초를 두고 꿈을 해석해야 한다. 그렇게 해야만 미래를 점치는데 빠지지 않고 자아의 상태와 주위 현실을 보다 확실히 깨달아 실제적인 결정을 어떻게 내릴 것인가에 집중할 수 있기 때문이다. 그리고 이와 같은 꿈 해석을 통해 자신의 편견을 정확히 이해하고 인정해야만 이 꿈이 예언하고 있을지도 모를 사건을 알아내고 이에 생산적으로 대처할 수 있다. 즉 예언 꿈을 해석할 때 우리는 현실에 바탕을 두고 예언이라는 초현실적인 현상을 이해해야만 한다.

(2) 다른 사람의 예언 꿈

우리가 아는 사람이든 모르는 사람이든 꿈이 알려주는 징조를 어떻게 처리해야 하는가! 가족이나 친구에 관한 예언 꿈은 그들에게 곧 일어날 일이나 현재 일어나고 있는 일을 보여 준다.

필자는 청년 시절 잘 아는 고향 교회의 집사님이 꿈속에서 배를 움켜쥐고 방바닥을 뒹구는 꿈을 꾸었는데 잠에서 깨어났더니 새벽 4시였다. 꾼 꿈에 대해 잠시 생각에 잠기면서 해석을 시작해 볼까! 하는 동시에 나의 감정은 불안감에 휩싸여서 안정되지 않았다. 그래서 무작정 집사님에게 전화를 걸었다. 그런데 들려오는 목소리는 말을 더듬거리면서 안절부절하고 있었다. 그러면서 방금 구급차로 아내가 병원에 실려 갔다는 것이었다. 그 후에 집사님을 교회에서 만나 그 당시 꿈 이야기를 하였다. 집사님은 기이한 꿈을 통하여 성도들의 삶의 현장을 세밀하게 돌보시는 하나님을 알게 되었고, 자신의 신앙생활에서 꿈에 대해 무관심하고 터부시한 것을 돌아보는 계기가 되었고, 성경을 심도 있게 읽게 되었다고 한다.

  기이한 꿈은 현재 처한 다른 사람의 영, 혼, 육 등의 상태까지도 알려주므로, 하나님이 시, 공간을 초월하시어 역사하시는 분이심을 알려주신다.

  성경을 통해 보면, 창세기 40장 5-23절의 술 맡은 자와 떡 굽는 자의 꿈을 요셉이 해석하여 한 생명의 운명을 좌우하게 만드는 예언과, 창세기 41장 40절의 바로의 꿈 해석이 한 나라의 운명을 좌우하는 예언이었음을 알 수 있다.

  우리는 "나 여호와가 이상으로 나를 그에게 알리기도 하고 꿈으로 그와 말하기도 하거니와"(민 12:6)라는 말씀을 상기할 필요가 있을 것이다.

  또한 기이한 꿈을 출생이나 죽음, 저주, 축복 또는 커다란 상실이나 소득 등과 같은 생명, 지위, 가족, 경제가 위험을 당하고 있는 것처럼 보일 때도 있다는 것이다.

  예언적인 꿈 해석은 질문을 던질 수 있어야 하는데 꿈으로부터 얻은 정보를 어떻게 할 것인가? 어떻게 이 정보의 사실 여부를 확인할 것인가? 꿈이 나의 마음에 일깨워 놓는 감정과 에너지를 어떻게 사용할 것인가? 등이다.

  꿈과 해석을 통해 자신이나 다른 사람의 행운을 점치려 하는 것은 하나님의 꿈을 선물로 주신 목적과 어긋난다. 그래서 천대를 받으며 미신이라고 오명을 쓰게 되는 것이다. 오직 하나님께 감사하고 영광을 돌리고 영적 성장과 성화 단계로 나아가야 할 것이다.

(3) 자기 자신의 예언 꿈

교통사고로 죽은 꿈을 꾸었다고 하자. 이 꿈을 실제로 우리가 교통사고를 만나서 죽게 될 것이기 때문에 죽음의 준비를 미리 하라는 의미일 수도 있지만 그런 경우는 흔하지 않다. 이런 경우에는 상징적으로 보아야 한다. 이 꿈은 우리가 어떤 일을 너무 급히 추진하고 있으므로 속력을 늦추지 않으면 경제적, 신체적, 심리적으로 파괴될지도 모른다는 경고일 수 있다. 그런가 하면 정신적, 영적으로 무엇인가를 붙들고 놓지 않으려 하는 것은 과감히 버리라는 촉구일 수도 있다. 그리고 내부 세계에서 죽음을 상징적으로 경험하고 나면 실생활 속에서 죽음의 본능을 효과적으로 억제할 수 있다는 것을 보여 주는 것이다.

개인적인 예언에 대해 [알렉산더 대왕]과 [에이브러햄 링컨]의 경우와 종교 진화론자 [떼이아르 드 사르뎅], 타이타닉 호의 예를 통해 살펴보면 다음과 같다.

첫째: [알렉산더 대왕]이 난공불락의 티그스 시(市)를 포위하고 있을 때(B. C 33년) 어느 날 꿈속에서 춤추고 있는 사티로스를 보고, 이 꿈을 해석하기를 satyros란 말을 stros(티그로스는 당신의 것이다)로 분해하여 티그로스의 함락이 의심 없다고 예언했던 것이다. 알렉산더 대왕은 이 해몽에 의해서 포위 공격을 결행하여 티그스 시를 점령했다. 이 해몽은 엉터리 같이 보이지만, 의심 없는 올바른 해몽으로써 꿈은 예언이 된다는 것이다.

둘째: [에이브러햄 링컨](Abraham Lincoln)은 암살당하기 며칠 전, 꿈속에서 백악관에 관 하나가 놓여 있는 것을 보았다. 꿈에 그는 보좌관에게 누가 죽었는지 물었다. 그러자 보좌관은 "대통령께서 돌아가셨습니다"라고 대답하였다.

우리는 때때로 나 자신이나 다른 사람들이 죽는 꿈을 꾼다. 대부분 이와 같은 꿈은 무언가 중요한 의미를 상징하고 있을 가능성이 높다.

셋째: 종교진화론의 선구자로 알려 있는 [데이아르 드 샤르뎅](Teilhard de Chardin)은 부활절에 죽게 될 것을 예감하고 있었고 부활절에 세상을 떠났다. 영적으로 위대한 사람들은 자신의 죽음을 미리 아는 경우가 있다.

넷째: 1912년 영국 국적의 화이트스타 해운 소속 올림픽급 여객선 2번 선 타이타닉 호가 첫 출항할 때 침몰사고가 일어났는데, 이 사고를 예사롭지 않게 예고하는 죽음의 꿈 이야기들이 그 당시 나돌았었다.

승객 중 두 사람은 배에 승선하기 전에 타이타닉 호가 바다에 가라앉는 꿈을 꾸었다. 한 사람은 꿈을 문자적으로 받아들여 여행을 취소했지만, 이 꿈을 무시했던 다른 승객은 북대서양 안개 속에서 빙산에 부딪혀 배가 침몰할 때 다른 승객들과 함께 익사할 수밖에 없었다.

그러나 이와 같은 경우는 흔치 않은 예라고 할 수 있다. 일반적으로 꿈을 문자 그대로 받아들이는 것은 불가능하겠지만 타이타닉 호 승선을 취소한 승객이 비극적인 죽음을 모면한 것만은 분명한 사실이다.

 어떤 경우에 꿈을 문자적으로 받아들여야 하는가? 하는 분명한 법칙은 없는 것으로 보인다. 다만 꿈은 다양한 의미를 지니고 있으며 그중 하나가 문자적인 의미라는 것만은 부인할 수 없는 사실이다. 그러므로 문자적인 의미를 무시할 수는 없지만 그 의미에만 매달릴 것이 아니라 꿈 해석을 통해 그 밖의 다양한 의미들을 깨달을 때 비극적인 사건들을 오히려 더 효과적으로 예방할 수 있을 것이다.

 꿈을 통해 일어나는 사건 등을 알게 되었을 때 실제로 일어난다면 지금 나는 무엇을 해야 할 것인가? 이 사건을 미리 예방할 수는 없는 것일까? 라는 흥미로운 질문이 생길 수 있다. 이 꿈이 내게 경고했으므로 미리 주의하면 비극적인 사건이 일어나지 않을 수도 있지 않느냐는 질문을 우리는 거부할 수 없을 것이다.

 꿈은 대부분 어떤 사건을 미리 대비하도록 필요한 정보를 알려준다. 예를 들어 어떤 여인이 절친한 친구가 침대에 누워 죽는 꿈을 꾸었다. 슬픔에 잠겨 있다가 꿈에서 깨어난 그녀는 그 친구와 가족에게 꿈 이야기를 하지 않았다. 그런데 며칠이 지난 후에 친구가 갑자기 죽게 되자 그녀는 미리 알리지 않아 죽음을 막지 못했다는 죄의식에 시달리게 되었다. 이 꿈을 해석한 후 그녀는 두 가지 중요한 사실을 깨달을 수 있었다. 먼저 이 꿈이 아니었더라면 그녀는 갑작스러운 친구의 죽음으로 인한 슬픔을 이길 수 없었을 것이다. 그리고 그녀가 아무리 노력했어도 이 죽음을 막을 수 없다는 것도 알게 되었다. 이 꿈뿐 아니라 일반적으로 예언 꿈을 꾸고 나면 항상 "나는 어떻게 행동해야 최선을 다할 수 있을 것인가"라는 문제에 부딪치게 된다. 이 여인은 친구의 갑작스러운 죽음을 예견하는 꿈을 꾸었다. 그러나 그녀는 또한 이 세상에서 자기 힘으로 어찌할 수 없는 일이 많이 있음을 인정해야만 했다. 그렇지 않으면 부당한 책임감이나 죄의식으로부터 벗어날 수 없기 때문이다.

(4) 예언 꿈 수용 방법

예언의 꿈을 분별하고 확인하여 선택의 옳고 그름을 가려내야 수용할 수가 있다. 수용 방법은 다음과 같다.

(A) 분별법

첫째: 다른 사람에 관한 예언 꿈을 상징적으로만 해석해야 할지 문자적으로 받아들여야 하는지를 구분하려면 다음과 같이 묻는 것이 좋다. "나는 정말로 이 꿈이 나 자신보다는 그 사람을 위한 꿈이라고 느끼고 있는가?" 아니면 이 꿈은 나만을 지니고 있다고 생각하고 일상적인 꿈처럼 여겨 기초적인 꿈 해석 기술들을 사용한다. 그러나 문자적으로도 해석할 필요가 있다고 보면 꿈이 전하는 메시지를 실생활 속에서 그대로 실천에 옮길 필요가 있다.

둘째: 때로는 꿈을 어떻게 이해하고 받아들여야 할지 쉽게 알 수 없는 경우도 있다. 그러나 어떤 경우라도 예언 꿈을 꾸고 난 후 확실한 것이 하나 있는데, 그것은 바로 이 꿈을 이롭게 사용하고 싶어 하는 열망이다. 이 열망은 주로 두 가지 방향으로 나타난다. 즉 이 꿈을 상징적으로 볼 뿐 아니라 문자적으로도 받아들여 구체적인 행동으로 옮길 수도 있고, 아니면 상징적으로만 해석해서 아무런 행동도 취하지 않을 수도 있다. 예언 꿈을 꾸기는 했는데 어떤 행동을 취해야 할지 알 수 없을 때는 자신의 감정 상태를 비롯한 모든 정도를 세밀하게 살피면서 내부로부터 어떤 통찰이 떠오르는지 기다리는 것도 좋은 방법이다.

셋째: 어떤 꿈이 다른 사람을 위한 예언 꿈도 되는지 구분하는 가장 객관적인 방법은 먼저 이 꿈이 나 자신뿐 아니라 다른 사람을 위한 꿈도 된다고 보는 시각을 가지고 꿈을 살펴보는 것이다. 두 가지 가능성을 모두 인정하면서 실제로 어떤 행동을 취해야 하고 취하지 말아야 할지 결정하는 것이 좋다.

넷째: 주요 질문 던지기.

이 기술도 예언 꿈 분별에 매우 유용하다. 예를 들어 "이 꿈이 나와 어떤 관계가 있는가?" 이 꿈은 나의 삶에 어떤 상징적인 의미를 지니고 있는가?" "꿈에 나타난 그 사람은 나와 어떤 관계에 있는가?"

다섯째: 꿈의 인물과 대화하기.

이 기술을 사용하는 것도 좋은 방법이다. 꿈의 인물과 내가 적절한 질문과 반응을 주고받는 동안 이 꿈이 그를 위한 예언 꿈도 되는지 알 수 있다. "왜 내 꿈에 나타났습니까?" "나에게 하고 싶은 이야기는 무엇입니까?"

여섯째: 어떤 경우에는 꿈에 얻은 정보가 사실인지 확인할 필요가 있다. 즉 꿈의 인물과 대화한 후 반응과 느낌을 물어 볼 수 있다.

일곱째: 내가 어떤 행동을 취했을 때와 취하지 않았을 때 일어날 수 있는 결과들에 대해 곰곰이 생각해 본 후 적절한 선택을 하고 이 결정에 따르는 책임을 받아들이며 이 선택이 올바른 결정임을 믿고 더 이상 이 선택이 옳았는지 잘못되었는가를 걱정하지 않는다.

(B) 확인법

초감각적인 예언 꿈을 꾸고 난 후 이 꿈이 정말로 예언 꿈이었는지를 확인하려면 다음과 같은 두 가지 방법으로 알 수 있다.

첫째: 예언 꿈에 대한 나의 태도나 분석이 옳았는지 확인하는 꿈을 꾸게 해달라고 하나님께 요청한다. 그러고 나서 꾼 꿈을 해석하되 이 꿈이 예언 꿈에 대한 나의 태도에 대해 어떻게 생각하는지 살펴본다.

둘째: 만일 취하지 않았을 때 그다음에 꾸는 꿈들이 자신의 선택을 어떻게 평가하는지 자세히 살펴본다.

(C) 선택법

　사고나 죽음, 또는 커다란 변화를 미리 알려주는 예언 꿈을 꾸고 나면 꿈이 시사 하는 행동을 할 것인지 아니면 하지 않을 것인지를 선택하는 중대한 결정을 내리게 된다. 이때 꿈을 선물로 주신 하나님과 나의 영이 이와 같은 결정을 승인하고 축복하는지 알아볼 필요가 있는데, 앞에서 설명한 "예언 꿈 확인법"이 바로 이러한 확인에 매우 효과적이다. 이 중대한 결정을 내리고 나면 사람들은 대부분 이 결정에 따르는 결과를 꿈으로 꾸게 된다. 원 자아가 이 결정을 찬성할 때는 꿈에 좋은 결과가, 그리고 원 자아가 이 결정을 부정적으로 볼 때는 꿈에 나타나는데 이때 꿈 자아는 변화된 새로운 성격으로 나타난다.
　자신의 결정이 옳았음을 확인해 주는 꿈을 주는 꿈을 꾸고 나면 적극적으로 모든 일을 결정할 수 있는 자신감을 갖게 된다. 어떻게 보면 영은 우리가 하는 일을 자세히 살펴보면서 하나님의 뜻이 우리의 삶 속에 이루어지도록 자극하기도 하고 붙들어 주기도 하는 것처럼 보인다.

4) 꿈 해석과 상징 기술

　꿈 내용을 형성하는 모든 사연은 비유와 상징적인 언어가 대부분이며, 꿈을 꿀 때나 깨어 있을 때나 의미 전달은 모두 상징을 통해서 자연스럽고 자발적으로 이루어진다.

초대교회 교부들은 성경 구절들을 해석할 때 문자적, 역사적인 차원을 넘어서 보다 심오한 의미를 찾으려고 노력하였다. 그들은 성경 본문들에 종말론적이고 영적인 의미가 담겨 있다고 보았다.

예수님의 비유는 상징적인 메시지를 담고 있는 여러 가지 영상과 행동으로 이루어져 있다. 요셉이 꿈에 예수님의 어머니인 마리아와 함께 이집트로 피하라는 명령을 받을 때처럼(마 2:13) 문자적인 의미로 받아들여야 하는 직접적 메시지를 전달하는 꿈도 없지 않다. 하지만 교부들은 꿈이 상징 언어를 사용하여 다양한 차원의 의미를 함축적으로 전달하는 통로임을 알고 있었다.

꿈의 상징은 여러 가지 조건들이 지켜져서 낱낱이 꿈의 상징이 만들어지고 또 그 뜻이 정의된 것이다.

첫째: 본질적인 언어를 상징적인 표상으로 바꿔놓는다.

둘째: 상징 의미가 다의적(多義的)이다.

셋째: 상징 형성에는 인간들의 생활방식, 행동양식, 본능적, 욕구적 경향 등이 개념으로 작용한다.

넷째: 상징은 동서고금에서 동일한 세계 공통적인 언어이다.

다섯째: 창작적 상징은 반드시 정형적 형성 원리를 기준해서 만들어진다는 법칙이 있다.

여섯째: 상징 재료는 꿈의 사고(思考)로서 꿈의 잠재 사상 내용을 전개시켜 나가는 동시에 선택되고 창작되어야 한다는 법칙을 지키고 있다.

꿈은 상징 언어를 사용하고 있으므로 다양한 차원에서 그 의미를 살펴보아야 한다. 꿈을 해석한다는 것은 곧 하나님이 꿈이라는 선물을 통해서 우리를 격려하고 치유하신다는 사실을 인정하고 받아들이는 것이다. 꿈 해석을 통해 꿈의 상징 언어 차원을 깨닫고 나면 하나님이 우리와의 관계 속에 어떻게 역사하시는지, 보다 분명하게 알 수 있게 된다.

상징은 다양한 차원에서 수많은 의미를 내포하고 있는 영상이다. 상징이 이처럼 다양한 차원으로 이루어져 있는 것은 상징 자체, 상징의 상황, 그리고 상징을 초월할 정도로 복잡하기 때문이다. 이 땅에 있는 모든 것은 상징으로 사용될 수 있다. 초대교회 시대에는 물고기, 나비, 십자가가 그리스도의 삶과 에너지를 전달하는 중요한 상징이었다.

상징은 또한 영적인 에너지와 그 자체에 고유한 생명력을 지니고 있는데 우리를 자극하여 그 다양한 의미를 찾아내도록 이끌어 가는 것은 바로 이 에너지와 생명력이다. 강력한 상징은 마치 양파처럼 아무리 벗기고 또 벗겨도 그 속에 더 깊은 의미가 숨겨져 있다.

외부 세계에서 상징은 주로 예술 작품에 많이 나타나 있다. 샤르테 사원의 "장미 창문", [레오나르도 다빈치]의 "최후의 만찬", 그리고 사제들이 예복을 입는 것도 심오하고 상징적인 행동이다. 평범하게 나누는 악수로부터 시작하여 그리스도인들끼리 나누는 평화의 입맞춤, 그리고 성찬식 때 빵과 포도주는 예수 그리스도께서 십자가로 이루신 인류 구원을 위한 살과 피는 대속의 은총의 상징적인 의미를 내포하고 있다.

내부 세계에서는 상징적인 영상이나 행동이 환상, 시, 우화, 그리고 꿈에 주로 나타난다. 일상생활에서는 평범한 행동이라도 꿈에 나타나게 되면, 즉 꿈에 악수를 했다면 이 악수는 매우 깊은 상징적인 의미를 지닌다.

꿈의 상징은 그 꿈의 성질에 따라 어떤 에너지를 주고 있는지 짐작할 수 있다. 예를 들어 어린아이를 보살피는 젊은 어머니가 꿈에 상징으로 등장했다고 하자. 이 상징은 양육하고 보살피고 그녀의 도움을 필요로 하는 어떤 것을 보호하는 에너지를 지니고 있을 가능성이 높다. 그리고 만일 상징이 힘센 주인공이라면 그 상징은 모험을 두려워하지 않고 용기 있게 성취해 나가는 에너지를 내포하고 있을 것이다.

상징이 꿈에 적으로 등장한다면 그것은 도전하고 시험하고 파괴하고 자신의 한계를 받아들이게 하는 에너지를 지니고 있을 것이다. 아마도 꿈을 해석하고 나면 이 꿈이 우리에게 병들고 삐뚤어진 어떤 태도를 고치라고 요구한다는 것을 깨닫게 될 것이다.

이 밖에도 우리 삶의 구조를 바로 세우고 개발하고 개조하고 지지하는 에너지를 지니고 있는 상징들이 있다.

꿈 해석에 있어서 상징이란 꿈을 꾸는 동안이나 꿈에서 깨어난 후에도 강렬한 감정을 일으키는 이미지를 말한다. 예를 들어 꽃병 하나가 책상 위에 놓여 있는 꿈을 보았다고 하자, 만일 책상 위에 다른 물건들도 많이 있었고 꽃병을 비롯한 어떤 것에도 별다른 감정을 느끼지 못했다면 꽃병이 꿈 해석에 어떤 도움도 주지 못할 것이다. 그러나 그 꽃병이 독특하게 아름답거나 금이 갔다거나 하는 이유 때문에 강렬한 느낌을 받았다면 그것을 상징이라 할 수 있으며 이 상징을 올바로 이해할 때 꿈 해석은 보다 풍부해질 것이다. 어떤 상징이 우리의 관심을 끌거나 강렬한 감정을 유발시키는 것은 그 안에 내포되어 있는 심리적, 영적인 에너지 때문이다.

꿈에 있어서 상징은 시각적인 영상인 경우가 대부분이나 반드시 그런 것만은 아니다. 어머니의 목소리, 종소리, 바람 소리, 등 청각적인 상징, 분향 냄새, 장미 향기, 커피 향기와 같은 후각적인 상징도 있고, 드물기는 하지만 촉감이나 맛도 상징이 될 수 있다. 이처럼 어떤 감각이라 하더라도 우리 내부에서 강렬한 감정을 일으킨다면 그 감각은 심리적, 영적인 에너지를 내포하고 있는 상징이라고 할 수 있다. 따라서 세심한 꿈 해석을 거쳐야만 이 에너지를 활용하여 자신의 삶을 변화시킬 수 있다. 상징은 또한 비행기를 타고 가거나 아래로 떨어지는 것과 같은 행동 경험일 수도 있다. 이와 같이 어떤 말이나 영상 또는 행동도 상징이 될 수 있으므로 적절한 꿈 해석을 하기 위해서는 꿈을 세밀하게 살펴서 중요한 상징을 찾아내는 것이 중요하다.

꿈은 상징으로 되어 있으며 영상체계로 꾸며져 있지만

그 해석이 문자적으로 해석되어야 할 것도 있다(에이브러햄 링컨이 암살당하기 전날 꾼 꿈. 관 하나는 자신의 관으로 해석되어야 함).

첫째: 시각적 영상들이 대부분이다.

둘째: 청각적 영상들이 있다.

셋째: 후각적 영상들이 있다.

넷째: 촉각적 영상들이 있다.

다섯째: 미각적 영상들이 있다.

여섯째: 행동으로 꾸며져 있다.

여기서 꿈 해석에 중요한 점은 많은 상징 중에 강렬한 관심과 감정을 유발시킨 어떤 상징이 있다면 그것은 심리적, 영적 에너지 때문이기에 꿈 해석을 할 때 이것을 놓치지 말아야 한다. 왜냐하면 꿈 해석의 시발이요, 열쇠이기 때문이다.

꿈의 상징과 꿈 꾼 이의 성격, 생활 상황이나 꿈을 꾸게 된 여러 가지 단서를 알면 그 꿈은 바로 해석이 된다.

또한 꿈 해석에서 인위적인 방법을 완전히 배제한다. 하나님이 직접 개입하신 것들이 많이 있음을 알아야 한다. 특히 기도 생활(경건의 생활)을 깊이 하는 사람은 직접 하나님께서 말씀으로나 어떤 사물을 가리키거나 어떤 장소를 보여 주거나 어떤 행동을 하게 하여 해석하는 성령님의 조명을 경험하게 된다. 요셉, 야곱, 다니엘, 사무엘, 솔로몬 등은 성령의 조명으로 꿈을 꾸었으며 꿈을 해석하였다.

그러면 꿈 해석 기술들의 상징 안에 내포된 에너지를

의식 세계로 끌어내어 우리가 삶의 기로에 서 있을 때 올바른 결정이나 선택을 할 수 있도록 도와주는 7가지의 독특한 기능은 다음과 같다.

(1) 상징 언어와 문자적 해석

　꿈 해석할 때 가장 조심해야 할 점은 어떤 말이나 영상 또는 행동을 단순히 문자적으로 해석해서는 안 된다는 것이다. 예를 들어 직업을 바꾼다거나, 이혼하는 꿈을 꾸었다고 해서 그 꿈이 직장을 옮기거나 배우자와 헤어지라고 권하거나 앞으로 그렇게 될 것이라고 예언하는 것은 아니다. 따라서 이 꿈을 문자적으로 받아들이기보다는 직장이나 결혼이 그 꿈에서 어떤 의미를 갖는지 먼저 알아내야 할 것이다.
　세심한 꿈 해석이 필요한 것은 바로 이 때문이다. 이 꿈이 우리에게 어떤 문자적인 명령을 하는 경우는 극히 드물다. 꿈은 질문을 던지고 문제를 제기하고 대안들을 제시하고 새로운 가능성을 보여 주고 나서 우리의 솔직한 반응을 기다린다.
　성경을 읽다 보면 꿈에 받은 명령을 문자 그대로 따르는 것처럼 보이는 사례들을 종종 보게 된다. 그렇다고 꿈을 문자적으로 해석해도 좋다고 생각해서는 안 될 것이다. 예를 들어 요셉의 꿈에서 천사는 그에게 마리아와 결혼하라고 명령한 것이 아니라 마리아와 결혼하기를 두려워하지 말라고 했을 뿐이다. 꿈은 그에게 명령을 내렸다기보다는 마리아에 대한 그의 감정과 태도에 의문을 제기하고 있다. 꿈은 마리아의 태중에 있는 아이가 어떤 아이라는 것을 알려줌으로써 요셉과 마리아에게 새로운 가능성과 선택의 길을 열어 주었다. 요셉에게 있어서 이 꿈은 단순히 마리아를 집으로 데려가 아내를 삼는 것만을 의미하는 것은 아니었다. 그는 자기 자신, 마리아, 나사렛의 이웃들, 그리고 모세 율법에 대한 자신의 태도와 가치체계를 다시 살펴본 후 수정해야만 했다.

또 꿈의 상징을 해석할 때 주의해야 할 점은 설명하려 들지 말고 그 상징과 밀접한 관계를 맺어야 한다는 것이다. 무의식적 영의 세계에서 사용되는 상징 언어는 말이나 개념보다 훨씬 원초적이고 복합적인 의미를 전달하기 때문에 이해하기가 매우 어렵다. 다시 말해 우리가 일상적으로 쓰는 말과 상징 언어는 차원이 서로 다르다. 하지만 우리의 의식 세계는 말이나 개념으로 이루어져 있으므로 이들의 도움 없이 상징을 이해하거나 그 안에 내포되어 있는 에너지를 사용하여 우리 삶을 변화시킬 수 있다.

(2) 상징 몰입법

상징이 꿈에 어떤 모습으로 어떤 행동을 했는지 머리에 떠올려서 꿈에서 보고, 듣고, 만지고, 냄새 맡고, 했던 느낌을 다시 확인하여 분명하게 기억하게 만드는 기술이다.

첫째: 꿈 기록을 읽고 마음에 들거나 느낌이 강렬한 상징을 고른다.

둘째: 상상력을 동원하여 꿈을 머리에 떠올린 후에 그 꿈속으로 들어가 상징에 마음을 집중시킨다. 본래의 꿈에 나타난 상징 그대로를 느끼고 바라볼 뿐 변형시키려 해서는 안 된다.

셋째: 상징을 보다 생생하게 경험하기 위해 접근 방법을 다양하게 바꾸어 본다. 상상력을 동원하여 세밀한 부분을 살펴본다.

넷째: 상징 몰입법을 사용한 후에 나는 이 상징과 어떤 관계를 맺고 싶은가? 하고 자문해 보아야 한다. 왜냐하면 이 관계를 통해 상징 에너지 즉 화해, 치유, 완전, 지혜, 통찰 등이 내게로 흘러 들어와 나의 삶을 변화시키고 성장시켜 주기 때문이다.

(3) 상징 기억법

"상징 몰입법"을 이용한 후에 사용하는 것이 더 효과적이다.

첫째: 상상력을 동원해 꿈속으로 들어가 상징에 초점을 맞추는 것이다.

둘째: 과거로 돌아가 상징을 통한 감정의 변화에 주목한다.

셋째: 이 과정에서 자연스럽게 마무리되면 무엇을 얻고

어떤 새로운 것이 되었는지 조용히 살펴본다.

　이 세 가지를 통해 상징이 나의 삶에서 어떤 과거와 현재와 미래를 지니고 있는지 분명히 드러나게 된다.

(4) 상징 확장법

　이 상징이 꿈속에서 지니고 있는 독특한 특성이나 기능을 밝혀낸다. 예를 들어 꿈속에서 본 꽃병이 다른 꽃병들과 시각적, 기능적으로 어떻게 다른가를 알아낸다.

　또한 꿈 해석을 주관적인 작업으로만 치우치지 않고 객관적인 과정을 거치게 한다.

　첫째: 꿈 밖에서 즉 현실 세계에서 이 상징의 일반적인 특징과 기능으로는 어떤 것들이 있는가? 이 상징이 내 꿈속에서 보여 주고 있는 독특한 특징과 기능은 어떤 것들이 있는가?

　둘째: 나는 이 특징과 기능들을 꿈속에서 어떻게 느끼고 보았으며 꿈 밖에서는 어떻게 여기고 있는가?라고 자문해 본다.

　셋째: 밝혀낸 상징의 특성과 기능들을 주제별로 분류하여 관찰해서 어떤 특성과 기능이 자신에게 보다 중요한지 가려낸다.

5) 꿈 해석과 창조성

꿈을 꾸고 깨자마자 기록해 두는 습관을 가진 사람은 그 기록들이 매우 놀라운 것임을 발견할 때가 많다.
[케스린 린즈쿠스]라는 크리스천 작가는 꿈을 꾸고 일어나 시를 기록해 놓았는데 이 시가 유명하게 되리라고는 생각해 보지 못하였다.

"어떤 이들은 타바고 담배를 씹네
그러나 나는 숨을 들이마실 수 없어
그 일을 하지 않네."
(some people chew tobacco-stuff
  l don't cause l am up to snuff)

(1) [모차르트]는 꿈을 통해 작품에 대한 영감을 얻었다.
(2) [앨버트 아인슈타인]은 "상대성 이론"에 대한 아이디어를 얻었다.
(3) [토마스 에디슨]은 꿈에서 받은 영감으로 전구를 발명하였다.
(4) 19세기의 위대한 화학자이자 물리학자인 [드미트리 멘텔레에브]는 꿈에서 화학주기율을 보았다.
(5) [로버트 루이스 스티븐슨]은 소설의 힌트를 꿈에서 얻어 "지킬박사와 하이드"를 썼다.
(6) [조나스 셀크] 박사는 꿈을 무시하지 않았기에 소아

마비 백신을 만들어 낸 것이다.

(7) [엘리아스 호웨]는 재봉틀을 완성시키는 일에 계속 실패하자 큰 고민에 빠졌다. 어느 날 밤 그녀는 참으로 자기를 찌르려는 야만인들에게 잡혀 있는 꿈을 꾸었다. 창들이 서서히 올라갔다가 내려질 때 그녀는 각 창의 끝에 눈 모양의 구멍이 있다는 것을 알았다. 갑자기 그녀는 재봉틀 바늘도 끝부분에 눈을 만들면 되겠다고 생각했다. 그녀는 즉시 잠에서 깨어나 침대에서 뛰어나와 실험실로 달려갔다. 그리하여 재봉틀을 완성하였다.

(8) [프리드리히 아우구스트 본 케쿨레]는 1865년 유기화학 분야에서 매우 탁월한 발명을 이루게 될 꿈을 꾸었다. 그는 꿈에 원자들이 그의 눈앞에서 춤추는 것을 보았다. 그런데 갑자기 그 원자들이 줄을 짓더니 뱀 모양이 되었다. 그중 한 뱀이 자신의 꼬리를 감았다. [케쿨레]는 미분자들이 고리 모양을 만든다는 사실을 깨닫게 되었다. 그는 "마치 섬광에 의하여" 깨어나듯 잠에서 일어나 그의 새로운 발견을 실험하기 시작했다.

이렇듯 사람이 잠들어 있을 때 영감이 찾아온다. 그러나 창조적인 사람은 깨어 있지만 마음이 방황하고 있을 때라든지 일시적으로 논리적이고 이성적인 생각이 중지될 때도 동일한 현상이 일어날 수 있다.

야곱이 부를 축적할 수 있었던 비결은 꿈을 통해서라고 보는데 이는 이 꿈이 주는 창의성을 살펴보면 "야곱이 버드나무와 살구나무와 신풍나무의 푸른 가지를 취하여 그

것들의 껍질을 벗겨 무늬를 내고 그 껍질 벗긴 긴 가지를 양떼가 와서 먹는 개천의 물구유에 세워 양떼에 향하게 하매 그 떼가 물을 먹으러 올 때 새끼를 배니 가지 앞에서 새끼를 배므로 얼룩얼룩한 것과 점이 있고 아롱진 것을 낳은지라"(창 30:37-39). "그 양떼가 새끼 밸 때에 내가 꿈에 눈을 들어 보니 양떼를 탄 수양은 다 얼룩무늬 있는 아롱진 것이었더라"(창 31:10).

6) 꿈 해석과 메시지

다니엘 2장 1절을 보면, 느부갓네살 왕이 꿈을 꾸었는데 이 꿈으로 잠을 이루지 못하고 마음이 답답하고 괴로워하고 있었다. 그 꿈의 의미를 찾고 싶어 이름 있는 지혜자(박수, 술객, 점쟁이, 술사)들을 모두 불러들여 그들에게 꿈의 내용을 말해 주지 않은 채 자신이 어떤 꿈을 꾸었는지 알아내어 그 꿈을 해석하라고 요구했다. 그러나 그들은 아무도 알아맞힐 수 없었다. 그들이 어떤 꿈인지도 모르는 상태에서 그 꿈을 해석하지 못한 것은 지극히 당연한 일이었다. 하지만 머리끝까지 화가 난 왕은 온 나라의 지혜자들을 모두 처형하라고 명령했다. 다니엘 역시 왕 앞에 나아가 보지도 못한 채 처형당할 운명에 처해 있었다(단 2:2-13). 그때 억울한 죽음을 맞게 될 다니엘이 왕에게 나아가 시간을 준다면 꿈의 해석을 알려준다고 하였다(단 2:16). 이에 다니엘은 왕의 꿈을 해석하기 위해 친구들과 함께 기도하므로 지혜를 얻게 되었고 왕에게 나아가 그 꿈의 내용뿐 아니라 해석도 알려줌으로써 자신과 더불어 많은 사람의 생명도 함께 구할 뿐 아니라 높은 벼슬자리와 귀한 선물까지 얻으며 왕궁에서 살게 된다(단 2:17-49).

그 꿈의 메시지는 왕이 너무나 막대한 권력을 손에 쥐게 되어 이성을 잃고 결국은 미치게 되는데, 하나님을 최고의 통치자로 인정하지 않는 한 치유가 불가능하다는 것이었다. 그 꿈대로 머리가 돌아 짐승처럼 살아가던 느부갓네살왕은 죽기 바로 직전에 하나님의 주권을 받아들이게 되었고 비로소 제정신을 찾게 되었다. 바벨론 왕국 장관의 자리에 오르게 된 다니엘은 꿈 해석가로서 높은 명성을 얻게 되었다. 그는 그 뒤를 이은 왕의 꿈 해석도 맡아서 했을 뿐 아니라 자기가 꾸었던 꿈들도 지혜롭게 해석하였다.

다니엘은 하나님께서 인간에게 꿈을 주시는 것은 그 꿈을 해석함으로써 자신의 내부 깊숙이 숨어 있는 생각들을 이해할 수 있도록 돕는 것과 동시에 지혜가 하나님께로부터 오며, 아울러 꿈에는 반드시 메시지가 있다는 것을 깨달았던 것이다.

꿈이란 하나님으로부터 오는 메시지이며 우리가 하나님과 가지는 가장 친숙한 접촉점이며 우리에 대한 하나님의 뜻을 깨달을 수 있는 바로 그 지점이다. 꿈은 우리가 자신을 더 잘 이해하도록 기회를 제공해 준다. 그리하여 우리는 하나님 안에서 우리의 충족을 발견하게 된다. 이것은 하나님께 대한 갈망이 깊은 자에게만 가능한 일이며 피상적인 사람에게는 가능하지 않다.

성경에는 꿈을 통해 경고받고 이끌림을 받고 가르침을 받은 사람들의 이야기가 많이 실려 있다. 우리가 성경학자는 아닐지라도 야곱과 요셉과 동방박사들이 꿈으로 경고를 받은 사실을 기억할 것이다.

다니엘서는 꿈을 이해하는 일에 있어서 하나님의 능력을 받은 사람을 통한 하나님의 이야기를 쓰고 있으며 신약은 하나님께서 꿈과 환상을 통해 마리아와 요셉과 바울과 베드로, 그리고 여러 사람을 인도하신 예들을 보여 주고 있다. 신약의 마지막 책인 요한계시록은 사도 요한에게 꿈의 형식을 통해 준 계시의 기록인 것이다. 그렇지만 성경에는 그러한 꿈들이 누구에게나 매일 밤 주어진다는 어떤 암시도 없다. 그러한 꿈은 매우 희귀한 것으로 나타나고 있으며 국가적으로나 혹은 영적으로 중요한 문제들에 초점을 맞추고 있다. 예를 들어 보면, 신약에는 "꿈"이라는 단어가 7번 나타나고 있다. 한 번은 구약으로부터 인용문에 나타나고 나머지 여섯 번은 마태복음에 나와 있는데 모두 예수 그리스도의 생애와 관계된 것이다. 때때로 성경에 나타나는 꿈들은 상징으로 숨겨져 있다. 그러나 하나님으로부터의 분명한 메시지가 있을 때도 많다.

그러한 꿈들은 기록된 하나님의 계시인 성경을 갖지 못한 사람들에게 주어졌다. 히브리서의 저자는 "옛적에 선지자들을 통하여 여러 부분과 여러 모양으로(환상과 꿈) 우리 조상들에게 말씀하신 하나님이 이 모든 날 마지막에는 아들을 통하여 우리에게 말씀하셨으니"(히 1:1-2)라고 하신 것을 보면 하나님께서는 더 이상 꿈을 통하여 말씀하시지 않는다고 말할 수 있을까? 우리는 하나님을 바로 알아야 한다. 분명히 하나님께서는 과거에 꿈을 통해 말씀하셨다. 그리고 하나님께서 다시는 그렇게 하시지 않을 것이라는 언급이 성경에 없다. 오히려 "예수 그리스도는 어제나 오늘이나 영원토록 동일하시니라"(히 13:8)고 말씀하신다. 지금도 하나님께서 꿈을 통해 말씀하시고 인도하신다. 그리고 꿈을 통해 말씀으로 지시하신다. "나는 벧엘의 하나님이라 네가 거기서 기둥에 기름을 붓고 거기서 내게 서원하였으니 지금 일어나 이곳을 떠나서 네 출생지로 돌아가라 하셨으니라"(창 31:13).

　하나님의 말씀은 정확 무오하고 더할 수도 없고 뺄 수도 없는 기독교인들에게 절대 권위의 텍스트인 것이다.

　한국교회의 목회자 중에 대중적으로 그의 이름이 많이 알려져 있는 대전 중문침례교회 [장경동] 목사님이 설교 중에 집에서 모시고 계신 어머니에 관한 이야기를 하시는데 "어느 날 어머님이 목사님을 부르기에 누워계신 방문을 열고 머리맡에 앉았더니 어머님은 눈을 지그시 감으시면서, 나 내일 주님이 오라고 부르셨어!" 뜻밖의 말씀을 하시기에 어머님에게 쓸데없는 말을 한다고 공박하였다고 한다. 그런데 그다음 날 목사님의 어머님은 소천 하셨다고 한다.

　하나님은 지금도 꿈을 통해서 말씀으로 지시하신다. 이

지시를 받은 자는 복이요, 하나님께로서는 그의 뜻과 섭리를 이루려는 데 있는 것이다(아브라함, 창 12:1-4).

7) 꿈 해석과 무의식

인간을 정신분석학적 측면으로 보면, 6가지로 설명할 수 있다.

첫째: 자아이다. 자기와의 충돌을 만족시키기 위해 외부 세계의 현실과 싸우는 활동을 한다.

둘째: 의식이다. 외부 세계의 자극에 의해 느끼고 식별하는 활동을 한다.

셋째: 전의식이다. 의식된 것을 저장하는 일을 한다.

넷째: 무의식이다. 언어가 논리적이지 못하고 의식할 수 없다(억압이 드러남).

다섯째: 이드이다. 쾌락 원칙에 따라 움직인다(동물적, 비도덕).

여섯째: 초자아이다. 도덕관념으로 구성되어 수정, 통제, 억제 기능을 한다.

심리학자 [지그문트 프로이드](Sigmund Freud)는 무의식 세계를 이해하는 열쇠를 꿈이라고 보았다.

의식 세계를 지배해 오던 자아는 더 이상 절대적인 위치를 지킬 수 없게 되었다. 그리고 이성적인 사고 안에서 이루어졌다고 믿었던 대부분의 생각과 표현들이 실제로는 무의식에 의해 조종되어 왔음도 알려졌다.

생리학적으로 무의식적으로 오른쪽 두뇌 안에서 영상, 상징, 신념 등이 만들어지고 기능화한다고 한다. 즉 꿈과 무의식과의 관련이다.

초대교회의 꿈 해석에 처음으로 관심을 보인 학자는 [융]이다.

첫째: 그는 꿈을 매우 의미 있고 실용적인 가지가 있는 것으로 여겼다. 꿈을 우리가 의식하지 못하는 자신의 내부에서 어떤 일이 일어나고 있는가를 알려주는 열쇠라고 하였다.

둘째: 그는 심리적, 영적인 에너지를 전달하는 통로로서 종교적인 문헌, 설화, 신화들과도 관련이 있는 것으로 보았다.

셋째: 그는 꿈에 나타나는 생각과 표현이 모두 비합리적인 영상, 언어를 통해서 이루어진다고 보았다. 즉 생각도 다양한 상징과 은유로 이루어진 상징 언어를 통하여 비합리적으로 나타난다고 여겼다. 그러므로 융은 꿈의 무의식성은 의식을 일부러 속이려고 가장하는 것이 아니라 생각과 느낌을 비합리적인 영상 언어로 표현하기 때문에 가장하는 것처럼 보일 뿐이라고 하였다.

그는 꿈에 나타난 영상과 상징들을 나와 똑같은 사람으로 생각하고 그들과 대화하는 것이 꿈 해석에 큰 도움이 된다고 말한다. 무의식은 자체가 생명력이 있다고 할 수 있다. 무의식은 단순히 억눌린 심리 에너지의 덩어리가 아니라 살아서 움직이는 창조력을 지니고 있다고 했다.

꿈 해석을 통해 자신의 의식과 무의식의 세계를 이해함으로써 정신적 완전과 영적 성화에 도달할 수 있도록 도와주며, 꿈 해석을 이용하여 인간의 의식과 무의식 세계를 파헤치는 방법이 된다고 하였다.

그러나 우리가 여기서 꼭 짚고 넘어갈 것은 [프로이드]가 말한 무의식 세계가 꿈의 열쇠라고 한 것과 융이 말한 무의식 자체가 생명력이 있다고 해서 새로운 성서로 삼는다거나 자연이나 인간관계 안에서 또는 꿈, 명상, 영감, 확신, 신접 경험 등을 얻으려는 것을 경계하여야 한다.

무의식에서의 꿈은 신앙생활을 대신할 수 없으며, 완전 성화를 구하여야 하고 하나님과의 관계나 자신이나 공동체와의 관계를 유지하고 더욱 풍요롭게 하는 수많은 방법 중 하나라는 것이다.

꿈 해석을 통해 긴장과 갈등을 적절히 해결할 때 우리의 인간관계는 회복되고 이로 인해 공동체 안에서 사람들과 더불어 사는 삶도 알차게 성장시켜 갈 수 있을 것이다.

8) 꿈 해석과 의식

의식은 인식과 이에 따르는 적절한 행동을 말한다. 감각을 통해서든, 이성을 통해서든, 내적인 깨달음을 통해서든 간에 단순히 무엇을 알고 있는 것은 의식이 아니라 인식이다. 인식한다는 것은 어떤 것을 그대로 보고 아는 상태로서 주로 영상이나 독서 또는 대화 중에 일어난다. 그러므로 우리의 마음을 집중하면 할수록 더욱 분명하게 인식할 수 있다.

인식은 매우 강렬한 상태이기는 하지만 그 자체로는 의식이 될 수 없다. 인식에 이른 후 적절한 행동이 뒤따라야만 완전한 의식에 이르는 것이라고 할 수 있다. 꿈 해석에 있어서 우리는 먼저 인식을 통해 상징에 내포된 에너지를 삶 속에서 실현한다. 행동은 인식을 통해 얻은 것을 통해 실행으로 옮긴다.

이처럼 인식 후에 적절한 행동이 뒤따를 때 우리는 그것을 의식이라고 부른다. 다시 말해 의식한다는 것은 행동으로 옮기지 않으면 못 견딜 정도의 강렬한 인식에 이르는 것을 뜻한다.

의식이란 인식에 따르는 에너지가 우리의 삶 속에서 적절하고 구체적인 행동으로 변화되는 것을 의미한다.

꿈은 우리를 의식, 즉 인식과 행동으로 이끌어 간다.

첫째: 꿈에 내포된 에너지를 인식하여 자기 것으로 만들도록 도와준다.

둘째: 꿈에서 얻은 에너지를 실생활 속에서 실현할 수 있도록 도와준다.

셋째: 행동 기술(인식 기술: 제목, 주제, 감정, 주요 질문 던지기 등)들을 등한시하면 꿈으로부터 얻은 에너지를 실생활에서 적절하게 활용할 수 없을 것이다.

의식은 질문을 던지므로 꿈의 에너지를 만들어 낸다. 의식에 관한 가장 최초의 설화라고 할 수 있는 에덴동산

이야기에서 뱀(사단)은 각각 아담과 하와에게 매우 의미 있는 질문을 던지고 있다. 이 질문들은 아담이나 하와로 하여금 인식과 반응을 일으키도록 자극하기 위한 것이었다. 예수님도 제자들과 모여든 무리에게 자주 질문을 던짐으로써 그들을 새로운 의식과 헌신으로 이끌어 갔다.

질문이 의식으로 이끄는 수단이라는 점을 강조하는 이유는 꿈이 우리에게 평이한 대답을 주기보다는 깊이 생각해야 할 질문을 던지기 때문이다. 꿈은 아무런 의미도 없는 모호한 영상으로 이루어져 있지 않다. 꿈이 내게 질문을 던지면 이에 대한 반응으로 나도 이제까지 느껴 오던 궁금한 점을 꿈에게 물을 수 있다. 이렇게 질문을 주고받는 동안 꿈이 지니고 있는 에너지를 끌어내어 나의 것으로 만들어서 매일의 삶에 효과적으로 사용할 수 있게 된다.

꿈에서 통찰을 얻는 것은 사실이다. 그러나 꿈과 질문을 주고받는 동안 꿈속에 내포된 에너지를 자기 것으로 만들기 전에는 아무런 통찰도 얻을 수 없다. 꿈은 깨어 있는 자아가 깨달을 수 있는 것보다 훨씬 깊고 풍부한 가능성을 우리에게 열어 주기 때문에 마음을 활짝 열고 진지한 태도로 꿈을 살펴볼 필요가 있다.

의식은 행동의 자극과 추구로 제 빛을 발한다. 하늘의 별처럼 결국 도달하지 못할 목표라 하더라도 이 목적을 추구함에 있어서 성공은 목적에 도달한 결과보다는 목적으로 나아가는 과정에 의해서 판가름이 난다. 꿈에 반복적으로 나타나는 주요 상징들을 통해 꿈은 궁극적으로 추구해야 할 목적이 무엇인지 끊임없이 상기시켜 준다. 그리고 우리는 궁극적으로 추구해야 할 것에 도움이 되는 선택과 결정을 내릴 때마다 꿈으로부터 격려와 인정을 받는다.

우리의 자아는 자신의 일부로서 깨어 있는 의식적인 삶을 지배하고 조종한다. 꿈은 우리에게 수많은 과제를 시사한다. 이 과제들을 수행함으로써 꿈에 내포된 에너지를 사용하여 개인적인 성장을 이룩하고 공동체를 섬길 수 있다.

꿈 해석 기술을 선택해서 창조적으로 사용하려면!

첫째: 꾸었던 꿈마다 모두 해석하려고 들지 말고 가장 적절하고 도움이 될 것 같은 꿈을 골라서 해석한다.

둘째; 매우 중요하게 생각되는 꿈은 될 수 있는 대로 꿈 해석 기술들을 많이 사용하여 그 안에 숨어 있는 에너지와 통찰을 모두 끌어내도록 한다.

셋째: 꿈에서 깨어나자마자 꿈 해석을 시작하여 한 번에 끌어내고자 하지 말고 기록해 둔다.

넷째: 꿈 해석을 꾸준히 해 나갈 때 정신적, 영적으로 성숙하도록 만든다.

그리고 꿈 해석 기술의 평가에 대해서는 꿈 해석에 관해 느꼈던 감정들을 솔직히 적으며, 꿈에서 깨어났을 때 꿈에 대해 처음 느꼈던 감정과 어떻게 달라졌는지를 가치 있게 선택해 가야 한다.

9) 꿈 해석과 자아

　꿈은 보다 영적으로 일관성 있게 살아가도록 부르는 초청이요 도전이다. 따라서 꿈 자아가 어떤 말을 하고 어떤 행동을 했든 간에 깨어 있는 자아가 그 꿈을 행동으로 옮길 때에는 나름대로 선택해야 할 필요가 있다.
　꿈에서 얻은 통찰을 통하여 그의 삶이 어떻게 변화되었으며 꿈에서 발견한 영적 에너지를 이용하여 그가 어떤 대안을 선택했고 또 행동으로 옮겼는가 하는 것이다. 야곱과 요셉의 꿈 자아는 비록 꿈 드라마에 적극적으로 참여하지는 않았지만, 그들의 깨어 있는 자아는 중대한 결정을 맺었던 장소를 거룩한 곳으로 만들었으며(창 28:16-19) 요셉은 마리아를 아내로 맞아들였다(마 1:24).
　꿈 자아를 자세히 살펴보면 깨어 있는 자아가 어떻게 결정하고 행동하는지를 곧 알 수 있다.
　정신적 완전과 영적인 성화로 나아가려면 하나님께 헌신하고 있다는 단순한 감정만으로는 충분치 않다. 이 감정을 구체적인 행동으로 옮겨 영적으로나 세상에서 보다 적극적인 태도를 가지고 살아갈 필요가 있다. 꿈은 우리가 고백하고 있는 믿음과 가치를 얼마나 능률적으로 실천하고 있는지를 보여 준다. 따라서 우리는 꿈 해석을 통해 어떤 부분에 개선과 변화가 필요한지 알아낼 뿐 아니라 꿈으로부터 끌어낼 영적 에너지를 이용하여 변화될 수 있어야 한다.

하나님께서 우리에게 요구하시는 것은 결정 능력과 창조 능력을 길러 자아를 건강하게 성장시키고 이를 통해 능률적으로 하나님의 뜻에 따라 삶의 목적을 이루어 나가라는 것이다. 꿈 해석 기술을 익혀 나가는 동안 우리의 꿈 자아도 뚜렷한 목적을 가지고 살아가고 있음을 발견하게 될 것이다.

변화된 자아는 공동체 안에서나 개인적인 영성 생활에서 꿈에 대한 해석을 능동적, 수동적, 적극적, 소극적으로 어떻게든 반영하여 살아가기를 원하는 마음에 어떤 행동을 하느냐에 따라 결정된다는 것이다.

또한 억눌려 있던 진실들이 속속히 드러나게 되며 지금까지 고집해 왔던 자신의 태도나 행동을 바꾸어야 할 필요를 깊이 느끼게 된다. 물론 꿈은 이처럼 우리에게 행동의 변화를 요구만 하는 것이 아니라 그 변화에 필요한 에너지도 함께 준다. 또한 꿈을 적절하게 해석하기만 한다면 꿈은 자신의 자아를 발견하는 장소요 하나님과 만나는 지름길이 될 것이다.

10) 꿈 해석과 일기

우리 삶에 일어나는 크고 작은 일들이 꿈을 통해 나타나게 되는데 이는 꿈 일기가 단순히 일어난 사건들을 기록한 것이 아니라 이 사건들과 나와의 깊은 관계가 있기 때문이며 꿈 일기를 기록하는 것을 내적, 영적, 삶을 소중하게 다루게 한다는 것이다.

그럼 꿈 일기가 우리에게 주는 도움은 무엇인가?

첫째: 꿈과 꿈 해석을 세밀히 살펴보면 삶에 대한 우리의 태도에서 어떤 뚜렷한 성향을 발견하게 된다. 그리고 우리의 가치체계가 어떤 상황에서 벽에 부딪치고 있는지 알게 된다.

둘째: 꿈 일기를 기록하다 보면 자기 자신의 독특한 운명을 알게 된다. 꿈은 우리의 깊은 곳에 소중하게 간직하고 있는 삶의 의미를 반영한다. 이러한 꿈은 세밀하게 무엇을 위해 나아가야 하는지 깨닫게 한다.

셋째: 우리 삶에 어떤 큰 변화들이 일어났는지 알게 되고 이 전환기들을 보다 광범위한 운명에 비추어 이해하게 된다. 꿈 일기를 보면 이 전환기를 지나는 동안 극복해야 할 중요한 문제들이 계속해서 꿈에 등장하는 것을 알 수 있다.

넷째: 꿈은 우리에게 중요한 상징을 알려준다. 우리는 이 상징들과 관계를 맺음으로써 이 상징에 간직된 에너지를 끌어내어 삶에 사용할 수 있다. 꿈 일기에 자주 등장하는 영상, 문제, 인물, 주제들이 이러한 상징들이다.

다섯째: 꿈 일기를 꾸준히 쓰다 보면 보다 넓은 시각으로 삶을 바라보게 된다. 일정한 시간을 두고 기록해 놓은 여러 가지 꿈 해석을 자세히 살펴보면 꿈이 우리 자신과 신앙 공동체를 신비한 세계로 인도하는 문(門)임을 알게 된다. 꿈은 우리를 완전과 성화로 이끌어 간다. 우리는 꿈

해석 중에 서서히 드러나는 자신의 장점과 단점, 좋아하는 것과 싫어하는 것, 그리고 재능과 결점 등과 조화를 이룸으로써 보다 완전한 성화로 나아갈 수 있다.

그러므로 꿈 일기를 꾸준히 기록하는 것은 매일 일상적인 삶뿐만 아니라 내적, 영적 삶을 소중하게 다루어 이 선물을 주신 하나님께 감사드리는 것이라고 할 수 있다.

11) 꿈 해석과 영성 생활

영성이란 우리가 하나님의 부르심에 응하는 방법이고 성령의 에너지를 사용하여 살아가는 우리의 태도이다. 보다 넓은 의미에서 보면, 영성이란 궁극적인 가치를 따라 이 세상에서 행동하고 존재하는 방식이다. 영성은 기도 없이는 불가능하지만, 기도 생활은 그 일부분에 불과하다. 영성은 삶의 영적인 차원에 눈을 뜨고서 무한한 가능성을 실현해 가는 삶의 방식이다. 기도는 하나님과의 관계를 보다 깊고, 넓게 해 주는 반면에 영성은 궁극적인 가치에 비추어 자신의 깊은 욕구와 결정을 폭넓게 살펴볼 수 있도록 도와준다.

꿈 해석에 있어서 영성은 우리의 내부 깊숙한 곳에 갇혀 있는 에너지를 끌어내어 매일의 삶 속으로 보내 주는 통로이다.

꿈을 소중히 다루는 사람에게 있어서 영성은 삶의 여정에서 목적지이자 그 과정을 의식하며 살아가는 삶의 방식이다. 또한 자신의 자아뿐 아니라 원대한 하나님의 섭리를 깊이 깨달으려고 노력하면서 살아가는 삶의 방식이다.

꿈 해석을 이용하여 우리는 인간의 의식과 무의식 세계를 파헤치는 방법을 알게 된다. 꿈을 적절하게 해석하기만 한다면 꿈은 자신의 자아를 발견하는 장소요 하나님과 만나는 지름길이 될 것이다.

첫째: 상상력을 사용하는 방법이다.

잠잘 때 꾸었던 꿈으로 다시 들어가는 기술은 꿈 해석에 매우 유용하다. 예를 들어 창세기 28장 10-19절을 통해서 보면, 야곱의 사닥다리 꿈으로 들어가려면 먼저 야곱이 돌베개를 베고 자려고 하는 장면을 머리에 떠올린다. 물론 이 기술을 사용하기 전에 이에 관한 성경 구절을 읽고 그 줄거리를 파악하고 있어야 한다. 그 후 상상의 눈으로 하늘까지 맞닿은 사닥다리를 본다. 그 사닥다리가 무엇으로 되어 있는지 살펴보고 만져본다. 그 위를 오르락내리락하는 천사들을 본다. 그들이 어떻게 오르내리는지 보고 그들의 얼굴을 본다. 그리고 그들이 손에 무엇을 들고 있는지 본다. 이 드라마가 나의 머릿속에서 자연스럽게 펼쳐지도록 놓아둔다. 여기서 아무리 상상력을 자유롭게 펼쳐도 잘못될 염려는 없다. 하나님이 그 옛날 야곱에게 선물로 주신 꿈을 오늘날 나의 상상을 통해 다시 주고 계실 뿐이다. 따라서 내가 해야 할 일은 이 꿈이 이끌어 가는 대로 나의 감정과 반응을 맡기고 따라가면 된다. 야곱의 꿈은 나의 상상 속에서 수정되고 바뀐 모습으로 펼쳐지고 자연스럽게 마무리하며, 그리고 꿈을 주신 하나님께 감사드린 후 꿈을 기록하기 시작한다.

그때 상상을 통해 야곱의 사닥다리 꿈을 꾼 후,

제목: 야곱의 만남,
주제: 용서와 약속,
감정: 평안과 안정,
질문: 나는 내게 맞는 직업을 선택했는가?

그 결과,

제목: 하나님의 임재,
주제: 초조, 경이, 따뜻함, 소속감, 경외,
질문: 하나님은 나를 통해 어떤 일을 하시려고 하는가?를 깨달을 수 있다.

자유롭게 꿈이나 이야기를 이끌어 가도록 나의 상상력에 모든 것을 맡기고 상상으로 눈, 코, 귀 등 감각 기관 모두를 동원하면 내면의 자아와 만나는 통로가 쉽게 열리고 이 통로를 통해서 꿈이나 이야기의 영적 에너지가 나의 자아를 거침없이 흘러 들어온다. 즉 내적 경험을 하게 될 것이다.

둘째: 명상을 사용하는 방법이다.

그리스도의 삶 속에서 일어났던 사건이나 그의 비유 중에서 하나를 택하여 명상할 때 먼저 상상력을 동원하여 그 장면이나 이야기를 머리에 떠올리도록 한다. 상상의 가슴으로 성경 속의 한 장면이나 이야기들 속으로 들어가서 등장하는 인물들과 상상의 입으로 그들과 대화하므로 생생한 관계를 맺으므로 명상은 꿈과 다를 바 없다. 명상 중에 경험하게 되는 드라마도 꿈처럼 하나님으로부터 온 선물이고 영상과 감정으로 되어 있고 정상적인 의식 상태에서 일어나며 우리 자신이 명상에 깊이 몰입하지 않으면 이루어지지 않는다. 하지만 명상과 꿈은 서로 다른 점도 많다. 명상 중에 경험하게 되는 드라마는 꿈과는 달리 질서정연하고 보다 극적으로 구성되어 있으며 앞뒤가 논리적으로 연결되어 있어서 기억하기가 훨씬 쉽다.

영성 생활은 기도와 명상과 상상력으로 영적인 면에 풍요롭게 만듦과 동시에 우리 삶에 활기를 불어넣어 줄 뿐 아니라 치유 에너지가 되며 하나님의 직접적인 섭리와 역사로부터 얻어내는 치유 에너지와 더불어 우리의 병든 관계들을 완전히 회복시켜 줄 수 있다.

성서학자 [월터 윙크]는 성서와 인격 변화에 관한 주석을 통한 성서해석이 우리의 영을 살리기보다는 오히려 죽이는 경우가 더 많다고 말하였다. 즉 학문적으로 복잡하게 풀어놓은 성서해석은 신학자들에게는 대견스러울지 몰라도 기독교 전통에 묻혀 있는 풍부한 영적 에너지를 직접 경험하고 싶어 하는 평신도들에게는 오히려 방해가 될 뿐이라는 사실을 간과해서는 안 될 것이다.

12) 꿈 해석과 성격

꿈은 우리의 성격 구조에 변화를 주기 위해 필요한 것

이다. 다시 말해 꿈으로부터 얻은 에너지를 이용하여 자신의 성격을 개조하는 것이다.

영적으로 성장하려면 하나님으로부터 오는 잠재 에너지를 매일의 삶에 충분히 활용해야만 한다. 하나님께서는 우리에게 자유의지를 주셨다. 그러나 그것을 내가 원하는 성격보다는 하나님께서 내게 필요하다고 여기는 성격을 선택하라고 주신 것이다.

무엇보다는 먼저 알맞은 과제를 택하는 것이 중요하다. 목표가 너무 비현실적이거나 일정한 시간 안에 수행할 수 없는 어려운 과제라면 피하는 것이 좋다. 선택된 과제는 꿈으로부터 에너지를 잘 끌어내도록 도와줄 수 있어야 하고 에너지와 깊이 관련되어 있어야 한다.

꿈으로부터 분수처럼 흘러나오는 에너지를 느끼면서도 보고 즐길 뿐 성격 개조에 사용하지 않으려 하는 경향이 우리에게 있기 때문이다. 하지만 꿈 해석을 꾸준히 하다 보면 이러한 소극적인 경향은 사라지고 꿈으로부터 얻은 에너지를 적극적으로 사용할 수 있는 기회가 자주 생긴다. "성격 과제"를 수행하게 되면 우리의 자아는 더욱 강건해지며 에너지를 느끼는 것으로 만족해하거나 남의 눈이 두려워 성격 개조 노력을 회피하는 것이 아니라 잠재 에너지를 실생활에서 마음껏 실현해 갈 수 있게 될 것이다.

꿈을 통해 자신의 성격을 개조하여 보다 완전하고 거룩하게 변화될 수 있다.

꿈 해석을 통해 우리는 자신의 성격을 보다 분명히 알

게 된다. 그것을 통해 외부 세계에서 다룰 수 없는 문제들이 해결될 뿐 아니라 우리 자신을 보다 객관적으로 바라볼 수 있게 되어 의식적으로 자신을 성숙시켜 나갈 수 있게 된다. 더 이상 다른 사람들의 시선이나 판단, 또는 자신의 주관적인 느낌에만 의존하여 살아갈 필요가 없다. 꿈은 상징적으로 그러나 분명히 우리에게 자신의 성격이 얼마나 다양한 기능을 갖고 있는지를 보여 준다. 꿈은 우리의 감정과 갈등과 해결되지 않은 문제들을 영상으로 보여 주어, 보다 구체적으로 씨름할 수 있도록 도와준다. 이제까지 잊어버리고 있던 중요한 사실들을 일깨워 줌으로써 자기 자신을 보다 분명히 이해할 수 있게 해 준다.

성격 발달의 목표는 완전과 성화이다. 그러므로 성격 발달을 영적인 시각에서 바라보지 않을 수 없다. 우리는 하나님의 형상대로 지음 받은 이상 모든 면에서 하나님을 닮아가야 한다.

성격을 원만하게 발달시켜야만 하나님의 뜻과 자신의 운명을 보다 충실하게 실현해 갈 수 있다. [이레니우스]는 이에 관해서 "하나님은 우리가 우리의 인간성을 완전하게 실현할 때 가장 기뻐하신다"라고 말했다.

꿈과 성격을 좀 더 세밀하게 그 기능을 알아보려면, 꿈 자체가 성격을 형성케 하는 활동인 자아와 원자아 사이의 관계를 알아야 한다.

첫째: 자아는 성격의 많은 기능을 떠맡고 있다. 의식 세계의 주인으로서 주체적으로 모든 선택을 한다. 선택의 주

인으로서 해야 할 일을 균형 있게 발달할 수 있도록 모든 결정을 내리는 것이다. 무엇을 선택한다는 것은 곧 그것에 자신의 에너지를 집중시키는 것을 의미한다.

둘째: 원자아는 우리의 존재 한가운데에서 성격을 스스로 통전하고 변화시키고 조절한다. 결정이나 선택을 직접적으로 선택하지는 않지만, 가능성과 대안을 제시함으로써 선택 과정에 깊이 관여한다. 자아의 병들어 있는 인식과 태도를 고쳐 나가도록 촉구한다. 그리고 꿈 해석을 통하여 우리는 원자아가 자아에게 정신적, 영적 성장을 위해 자발적인 협력을 요구하는 것도 알게 된다.

셋째: 자아와 원자아의 관계를 발달시켜 나가지 않으면 원만한 성격 발달은 불가능하다. 또한 자아와 원자아가 서로 분리되어 있으면 둘 다 제 기능을 발휘할 수 없다. 성격을 이루고 있는 의식적인 자아와 무의식적인 원자아가 친밀한 관계를 이루어야만 창조적인 에너지를 자유롭게 주고받을 수 있다.

꿈은 깨어 있는 자아가 어떻게 발달하고 성숙해 가는지를 보여 주고 성격에 대해 알려주며 약점과 상처들을 깊이 깨닫고 제시된 대안 중에서 가장 적절한 것을 선택하여 자신의 성격을 개조하고 발달시켜 나아가게 한다.

꿈은 때때로 성격의 상태, 요구, 건강을 반영하기도 한다. 그러므로 꿈을 신중하게 해석하게 되면 성격이 어떤 상태에 있는지 분명하게 할 수 있고 드러난 문제에 따라 적절하게 대처해 나갈 수 있다.

13) 꿈 해석과 치유

치유가 필요하지 않는 사람은 거의 없다. 사람은 누구나 영적, 정신적, 신체적으로나 병들어 있다. 꿈은 대부분 우리의 병든 상처들을 고치는 역사(치유 능력)를 한다.

대중 전도자로 그 이름이 널리 알려진 [장경동] 목사님의 설교를 통해 알게 된 교회의 한 성도의 간증이 생각난다. "한 성도님이 어느 날 몹시 흥분되고 기쁜 얼굴로 찾아와서 자신이 깊은 병이 들어서 기도 중에, 밤에 잠을 자면서 꿈을 꾸었는데 목사님이 머리에 안수하는 꿈을 꾸었다고 하면서, 그 꿈을 꾸고 나서 자신의 병이 치료되었다고 기뻐서 어쩔 줄 몰라 했다고 한다."

15년 전으로 생각되는데, 필자도 요로결석으로 병원에 입원하여 6일 만에 꿈을 꾸게 되었는데, 꿈을 통해 신체의 요로 관에서 한 물체가 신체 밖으로 빠져나오는 것을 보았는데, 그다음 날 즉시 병원에서 퇴원할 수 있었다.

꿈은 하나님이 일하시는 장소이다. 그곳에서는 육신뿐 아니라 정신적이건, 영적이건 역사하시는 공간이다.

이 책의 추천서를 써주신 목사님도 목회 현장에서 한 성도가 교회를 다니기 시작하면서 영적으로나 정신적으로 파리해져 가는 모습을 지켜보면서 주님의 이름의 능력으로 어둠의 영인 귀신을 쫓아냈더니 그 성도의 꿈에 반복적으로 억울하다고 하면서 귀신이 떠나갔다고 한다.

이렇듯이 하나님은 꿈을 통하여 요한복음 10장 10절의 말씀대로 전인 구원을 이루시는 풍성하신 분이시다.

우리의 삶의 현장은 녹녹하지 않다. 많은 문제 덩어리를 가지고 그것들을 풀어 보려고 자기 방식으로 동분서주하며 몸부림을 친다. 그래서 주님은 "수고하고 무거운 짐 진 자들아"라고 단언하신 것이다.

우리가 꾸는 꿈도 악몽으로 시달리는 경우들이 많다. 그래서 혹자들은 너무 고통스러워서 하나님으로부터, 진실로부터 도망치려고 한다. 하지만 우리에게 주신 꿈은 악몽이라도 선몽으로 바꾸시는 하나님이시기에 버리지 않으시고 결국에 가서는 치유의 길을 예비하시는 "여호와 이레"의 하나님이시다. 욥이 살았던 삶의 현장을 통해서 보면 하나님은 악몽의 하나님으로 보인다. 그러나 그의 결말은 합력하여 선을 이루시는 하나님을 찬양하게 만드신다.

꿈은 치유하고 해결해야 할 갈등과 문제들을 우리에게 보여 주시며 그 답을 약속한다.

14) 꿈 해석과 그리스도의 공동체

꿈은 우리의 개인적인 삶뿐 아니라 공동체와 더불어 사는 삶 속에서 일어나는 문제들도 반영하고 있다.

우리는 많은 시간을 공동체, 즉 얽히고설킨 인간관계의 울타리 속에서 보낸다. 따라서 우리 삶의 궁극적인 목적과 의미를 공동체에서 찾아야 하는 것은 우리가 공동체의 일부분을 이루고 있는 성원으로서 공동체 안에서 살아가고 있기 때문이다.

공동체 전체를 위한 꿈들을 성경에서 보면, 창세기 20:3, 31:10-24, 37:5-9, 사사기 7:13, 열왕기상 3:5-15, 다니엘서 2:4 등을 들 수 있다. 특히 벧엘에서 야곱이 꾼 꿈은 공동체 전체를 위한 꿈이나 그 꿈이 야곱뿐 아니라 그의 가족과 후대의 자손들에게도 매우 중요한 하나님의 메시지를 전하고 있다(창 28장).

그러므로 나의 꿈은 공동체의 꿈이 될 수 있다.

"기드온이 그곳에 이른즉 어떤 사람이 그의 친구에게 꿈을 말하여 이르기를 보라 내가 한 꿈을 꾸었는데 꿈에 보리떡 한 덩어리가 미디안 진영으로 굴러들어와 한 장막에 이르러 그것을 쳐서 무너뜨려 위쪽으로 엎으니 그 장막이 쓰러지더라 그의 친구가 대답하여 이르되 이는 다른 것이 아니라 이스라엘 사람 요아스의 아들 기드온의 칼이라 하나님이 미디안과 그 모든 진영을 그의 손에 넘겨 주셨느니라 하더라 기드온이 그 꿈과 해몽하는 말을 듣고 경배하며"(삿 7:13-15).

이는 이스라엘이 미디안과의 전쟁에서 한 사람의 꿈 때문에 승리하게 되는 공동체를 위한 꿈이다. 반대로 공동체의 꿈 역시 나의 꿈이 될 수 있다. 그리고 이 때문에 나는 공동체의 꿈 해석에 참여할 수 있고 공동체는 나의 꿈 해석에 참여할 수 있다.

기독교인들은 하나님이 각 개인뿐 아니라 공동체 전체와 계약을 맺었으며 이 계약을 이루기 위해 공동체 전체를 부르신다는 것을 믿고 있다. 우리는 개인으로서 보다는 공동체로서 하나님의 나라는 사랑과 정의로 하나가 된 공동체 안에서 이루어진다. 완전과 성화는 개인뿐 아니라 공동체의 궁극적인 목적이기도 하다. 그리고 이러한 목적은 함께 일하고 더불어 살아가는 공동체의 삶을 통하지 않고서는 이루어지지 않는다.

기독교는 성령의 종교라고 할 수 있다. 성령님은 각 개인뿐 아니라 공동체 전체에게 찾아와서 생명을 불어넣어 주고 사랑으로 한 몸을 이루게 해 준다. "성령이 하나 되게 하신 것을 힘써 지키라"(엡 4:3). 그리고 이를 위해 공동체에게 끊임없이 선물을 주시는데 환상, 예언, 방언 등 수많은 은사를 풍성하게 주시는 것이 바로 꿈이다.

바울에게 성령님이 은사를 주셨는데, 신앙공동체의 성장과 성숙을 위해서라고 밝힌다.

"은사는 여러 가지나 성령은 같고 직임은 여러 가지나 주는 같으며 또 역사는 여러 가지나 모든 것을 모든 사람 가운에서 역사하시는 하나님은 같으니 각 사람에게 성령이 나타남을 주심을 유익하게 하려 하심이라"(고전 12:4-7)

여기서 바울은 성령님의 선물을 다음과 같은 관점으로 이해하고 있다.

첫째: 모든 선물은 성령님으로부터 온다. 그러므로 우리는 꿈을 비롯한 모든 선물에 감사하고 경건한 마음으로 받아들여야지 무시하거나 물리쳐서는 안 된다.

둘째: 모든 선물은 공동체의 성숙을 위해 주신 것이기에 이 땅에서 성령님이 하시는 일은 인간 공동체를 사랑으로 하나 되게 하여 성숙한 그리스도의 몸으로 변화시켜 가는 것이다. 그리고 우리가 해야 할 일은 꿈을 통해 얻은 에너지와 통찰을 사용하여 이러한 공동체를 이루어 가는 성령의 역사에 적극적으로 협조하는 것이다.

개인적인 관점에서 보면 꿈은 사적인 메시지만을 주는 것으로 오해할 수 있다. 그러나 공동체의 관점에서 보게 되면 꿈은 자기 자신과 주위 사람들을 신뢰할 수 있는 능력으로 사랑의 공동체를 이루어 가는 데 반드시 필요하다는 사실을 깨닫게 해 주고 있다.

구약의 예언자들이 꾼 꿈들도 공동체 전체가 보다 책임감을 가지고 살아가도록 부르는 메시지로 이루어져 있다. 인권운동가인 [마틴 르터 킹]은 "나는 백인, 흑인, 아시아인 할 것 없이 모든 사람이 사랑으로 하나가 되어 형제자매로 살아가는 꿈을 꾸었다고 했다."

셋째: 모든 선물의 가치는 그 선물이 공동체를 위해 얼마나 유용하게 쓰이느냐에 달려 있다. 공동체를 사랑으로 하나 되게 하는 선물일수록 더욱 커다란 가치가 있다. 성경에 나오는 꿈이나 환상이 모두 공동체를 위한 지혜와 통찰을 전하고 있는 것은 바로 이 때문이다. 우리는 꿈

해석을 통하여 자신의 개인적인 고통이나 슬픔을 해석할 뿐 아니라 주위 사람들을 사랑하는 법을 배우고 익혀 그들과 함께 그리스도의 몸을 이루어 가야 할 것이다.

꿈은 다른 사람들에게 도움을 준다. 우리의 꿈은 가족, 친구, 교회, 사회, 나라, 민족 등 넓은 공동체와의 관계를 반영한다. 따라서 내 꿈은 나만을 위한 꿈이 아니고 공동체에게 이익을 주는 지혜를 전달하고 있다는 사실을 잊어서는 안 될 것이다.

과학, 예술가, 발명가, 사업가들이 꿈을 통해 얻은 영감이나 지혜를 실천하여 사회에 크게 공헌한 사례는 인류 역사에서 얼마든지 찾아볼 수 있다. 기독교 교회사를 훑어보아도 그리스도인들 역시 성경의 꿈들로부터 에너지를 얻어 교회를 보다 효과적으로 개혁하고 성장시켜 왔음을 볼 수 있다. 우리가 누리고 있는 발달 된 문명이나 문화는 대부분 꿈을 통해 얻은 영감과 지혜 덕분이라고 해도 과언이 아닐 것이다.

15) 꿈 해석과 성화(sanctification)

하나님은 인간들에게 "내가 거룩하니 너희도 거룩하라" 하시어 인간들에게 거룩하기를 요구한 동시에 약속하셨다. 인간은 이 거룩의 단계인 성화(세속적인 것들로부터 구별함을 뜻하는데, 거룩은 하나님께 속한 것으로 그분의 절대적인 주권과 순수성을 나타냄)로 나아가야 한다. 성화의 경지는 지

성소로서 여기에서 하나님과 인간은 만나는 것으로 거룩을 이룰 때 인간은 에덴을 되찾는 것이며, 하나님의 형상을 복구하는 것이다. 즉 구원에 이르는 과정을 의미하는데 [루터]는 믿음으로 의롭게 된 자는 거룩한 생활을 통하여 완전한 구원에 이르게 된다고 했다. 따라서 성화는 그리스도인의 거룩함을 의미한다고 하였다. 아울러 믿음의 법으로 의를 얻고 성화 되고 영화(榮化)롭게 될 수 있는 것이다. 그리고 이 믿음의 법은 사랑으로서만 완수할 수 있다.

우리가 성화 되어 우리의 전 성격과 생각과 언행은 사랑으로 표현될 때만 가능하다. 사랑은 하나님의 성품(요일 4:16)이며 예수님의 인격이며(요 13:1), 신자들에게 주신 최대의 계명이다(요 13:34). 이 사랑은 단순히 행위가 아니고 인격이기 때문에 사랑이 인격이 되기까지는 신자들은 계속 성장해야 한다. 하나님의 온전하심과 같이 우리도 온전해져야 한다(마 5:48). 영이 있는 곳에는 교통과 나눔이 있다. 하나님의 영과 인간의 영이 만나는 곳에는 에너지가 넘쳐흐르고 사랑의 공동체가 나타난다.

영적인 지도자는 각 개인의 영, 그리고 공동체의 영과 같은 관계를 맺는 한편 이 두 영을 서로 연결시켜 주는 역할을 하고 있다. 우리의 영은 스스로 성장해 가는 것이 아니라 항상 공동체 안에서 자라난다. 따라서 영적 지도자가 해야 할 가장 중요한 역할은 교인들이 영적으로 깊은 교통을 나눌 수 있도록 도와주는 것이다.

영적 지도자의 역할 중에서도 꿈과 꿈 해석을 통해 교인들의 영적 성장을 인도하고 도와주는 기능도 있다. 영적 지도자는 교인들의 꿈을 살펴, 그들이 자신에게 주어진 운명을 따라 "완전 성화"라는 궁극적인 목적을 향해 나아가도록 이끌어 가야 할 의무와 책임이 있음을 명심해야 할 것이다.

성화와 완전의 두 용어는 심리학과 신학에서 서로 다른 의미로 분화되기는 했지만, 그 어원은 같은 것으로 알려져 있다. 앵글로 섹슨어(Aaglo-Saxon) "hal"로부터 치유, 건강, 완전, 성화에 쓰이는 단어는 쓰이는 분야만 다를 뿐 근본적으로는 동일한 의미를 지니고 있다고 할 수 있다. 우리가 꿈 해석을 할 때 도달하기 원하는 목표도 다름 아닌 "hal"이다. 우리 자신뿐 아니라 하나님은 우리가 공동체 안에서 신체적 건강과 정신적인 완전과 영적인 성화를 이루어 나가기를 원하신다. 이를 위해 하나님께서 우리에게 주시는 선물이 바로 꿈이기 때문에 꿈 해석을 통하여 "hal"에 도달하려고 하는 것은 당연한 일일 것이다.

꿈을 해석하여 자신과 교인들의 영적인 성장을 돕는 것이 그 일차적인 목적이기도 하다. 꿈 해석을 통해 영적 지도자는 교인들의 신앙 공동체나 그보다 큰 지역사회에 적극적으로 참여하도록 도와줄 수 있다. 성령님이 우리의 개인적인 성화를 위해 은혜와 에너지를 선물로 주시는 것처럼 하나님은 꿈을 통해 에너지를 주셔서 하나님 나라를 이 땅에 건설하는 데 적극적으로 협력할 수 있도록 도와

주신다.

16) 꿈 해석을 통한 변화

꿈 해석을 통해 경험한 삶의 변화는 다음과 같다.

(1) 성격상의 문제나 알 수 없는 공포의 근원을 알 수 있다.
(2) 불안의 원인을 찾아내어 스트레스를 해결할 수 있다.
(3) 창조적인 아이디어가 떠오르거나 새로운 잠재력을 발견하게 된다.
(4) 삶을 새로운 시각에서 바라봄으로써 지금까지와 다른 방식으로 살아가게 한다.
(5) 나의 자아가 결정하고 선택하는 성향을 알게 된다.
(6) 즐거움과 영감을 얻게 된다.
(7) 경이로운 나의 내부 세계를 들여다볼 수 있다.
(8) 뚜렷한 의식 속에서 무의식의 세계를 자유롭게 탐험할 수 있다.
(9) 외부 세계에서 일어나는 잡다한 사건들에 휩쓸리지 않고 주체적으로 살아가게 된다.
(10) 새로운 존재로 살아가는 방법을 배울 수 있다.
(11) 나의 삶 속에서 무엇이 더 중요한지 분별하는 능력이 생긴다.
(12) 나의 삶과 그 궁극적인 목적을 보다 잘 이해하게 된다.

(13) 나의 영과 내부 세계를 알 수 있다.

(14) 꿈은 내가 전환기를 지날 때 붙들어 주고 격려해 주는 좋은 친구이다.

(15) 나의 내부 세계와 외부 세계 사이의 조화와 균형을 이루게 해준다.

(16) 종교적 체험을 지금과는 전혀 다른 시각에서 이해하고 받아들이게 된다.

3장　　꿈과 환상

1) 환상의 정의

　환상은 깨어 있는 상태에서 강렬한 영상(출 18:9), "빽빽한 구름 가운데"나 소리(출 16:19), "나팔소리가 점점 커질 때에 모세가 말한즉 하나님이 음성으로 대답하시더라" 또는 감정(출 19:16), "나팔 소리가 심히 크니 진중 모든 백성이 떨더라" 등으로 체험하게 된다. 환상은 대부분 기도 중에 나타나지만 극심한 스트레스나 커다란 위기를 맞는 순간에도 나타날 수 있다. 예를 들어 죽어가는 아들을 밤낮으로 간호하던 한 어머니가 십자가에 매달린 아들 예수를 바라보는 성모 마리아의 환상을 보고 나서 깊은 위로를 받고 어린 나이에 죽어야 하는 아들의 운명을 신앙의 눈으로 바라보게 된 경우다.

　환상을 통해서 하나님을 보고, 듣고, 알 수 있다. 즉 환상을 통해 찾아오시는 분임을 알게 되므로 영적 권위를 지니고 있다는 사실을 간과해서는 아니 될 것이다(족장, 소

선지자, 대선지자, 전도자들 등).

환상(이상: vision)이란 단어는 그 의미 중에 유형적이거나 시각적 지각 작용을 포함하고 있지만 우선적, 무형적인 차원에 강조점을 두고 있다. 즉 정상적인 시각이 아닌 다른 방법으로 본 것, 꿈이나 황홀경 중에 본 것 혹은 선지자에게 계시된 것, 육체가 없이 보이는 현상, 상상적인 명상의 대상, 상상력이나 상상적 행위, 비상한 식별이나 통찰력, 사실상의 광경, 시각적인 지각, 사랑스럽거나 매력적인 광경, 빛이나 색깔을 감지할 수 있는 감각을 말한다.

[밀레 브랑케: Male Branche. 1638-1715]의 학설에 따르면, 감각적 인식은 사실상 유기체적인 것이 아니라 영혼과 하나님, 하나님과 영혼의 연관에 의해 가능해진다는 것이다. "이상"이 시각적 감각이나 시각적 개념에 전이되는 경우보다 더 시사해 주는 바가 많다. "우리는 영혼 안에 내주하는 개념들을 통하여 주관적 생각과 느낌으로서 사물에 대해서 뿐 아니라 하나님 안에 있다. 따라서 우리는 모든 존재와 사물의 제일 원인(primal cause)이신 하나님 안에서 만물을 인지하는 것이다"라고 했다.

가견적 공간 안에 있는 가장 단순한 요소는 확대이다. 모든 가견적 감각은 광범위한 감각으로서 지각에 이른다. 또한 지각(perception)은 한 개인에게 있어서 하나의 사건이라는 사실을 주목해야 한다. 일차적으로 감각 기관이 통제하지만, 그 사람의 생애 가운데 생겨난 것으로 볼 수 있는 어떤 종류의 다른 요소들도 영향을 미친다.

2) 꿈과 환상은 독특한 계시의 수단

　기독교 전통은 하나님은 오로지 성경을 통해 자신을 드러내신다고 하였고, 성경은 귀중한 신앙의 유산을 전해 주고 있다. 그리고 성경을 해석하여 그 진정한 의미를 밝혀 낼 때 우리에게 주시는 하나님의 말씀을 깨달을 수 있는 것도 사실이다.

　그러나 성경만이 유일한 하나님의 계시 수단이라고 할 수는 없다. 적어도 모세가 하나님으로부터 십계명을 받을 때까지는 고대 히브리인들에게 글로 기록된 성경이 전혀 없었지만, 그리스도인들이 본받아야 할 믿음의 조상으로서 조금도 손색이 없을 정도로 하나님의 말씀에 따라 충실하게 살아가게 살아갈 수 있었던 것은 그들에게 하나님의 뜻을 아는 또 다른 통로들이 있었기 때문이다.

　첫째: 그들은 꿈, 환상, 예언, 영감 등 내적인 경험을 통해서 하나님을 만났다.

　둘째: 그들은 외적인 경험, 즉 하나님의 백성으로서 개인적으로 또는 공동체 전체가 겪는 사건들을 통해서 하나님을 만났다(하나님의 뜻을 발견). 히브리인들의 내적, 외적인 경험들은 수 세대에 거쳐 입에서 입으로 전해져 내려왔다. 이 경험들이 글로 기록되어 성경이 된 것은 먼 후대의 일이었다.

　기독교 공동체가 싹이 트고 자라나는 각 단계마다 하나님은 직접적인 계시를 통해 자신의 뜻을 사람들에게 알려

주셨다. 사도행전이 꿈, 환상과 예언과 영감으로 가득 차 있는 것은 바로 이 때문이다. 하나님은 그리스도인들의 영안에 거주하시면서 그들의 삶의 신앙 공동체를 이끌어 가셨다.

중세 신학의 대부로 알려져 있는 [토마스 아퀴나스]는 하나님으로부터 초이성적인 계시를 직접 받을 수 있는 길은 꿈이나 환상 밖에는 없다고 하였다.

아퀴나스는 『신학대전』을 쓰는 동안 매우 기이한 꿈을 꾸었다. 13세기 서방 세계를 대표하는 가장 뛰어난 집필가인 그가 『신학대전』을 써 내려가다가 어떤 한 문장을 완성시키지 못해 수일 동안 끙끙댄 적이 있었다. 그는 몇 번이고 그 문장을 고쳐서 필경사에게 받아쓰도록 했으나 마음에 들지 않았다. 그러던 어느 날 아침, 필경실로 들어간 그는 그 어려운 문장을 마치 다른 사람이 쓴 글을 손에 들고 읽듯이 쉽고 편안한 마음으로 부르기 시작했다. 놀란 필경사는 어떻게 그토록 쉽고 매끄러운 문장을 생각해 낼 수 있었냐고 물었다. 그러자 그는 마치 아무 일도 아니라는 듯이 "응, 어젯밤 꿈에 베드로와 바울이 나타나서 이렇게 쓰라고 일러 주더구먼"하고 대답했다.

그는 꿈을 꾸거나 환상을 보았던 것이다. 평생을 바쳐 집필해 온 『신학대전』을 마치기 바로 전 어느 날 아침 그는 필경사들이 기다리는 방으로 들어가 더 이상 이 책을 쓰지 않기로 작정했다고 말했다. 그들은 이구동성으로 '마무리를 눈앞에 두고 있는 이때 이러면 되겠느냐?'고 달래면서 끝까지 마칠 것을 권했지만 그는 다음과 같이 말하면서 그들을 강경하게 내보냈다. "이 책이 지푸라기처럼 쓸모없는 것임을 하나님께서 내게 직접 알려주신 이상 나는 죽는 날만을 기다릴 뿐이다." 그에게 무슨 일이 일어났던 것이다. 그는 성숙하고 의지가 강한 사람이었기 때문에 평생을 바쳐 써왔던 책의 완성을 눈앞에 두고 갑자기 정신이상이 된 것이 아니다. 그는 매우 강렬한 환상을 보았던 것이다. 그리고 그는 자신의 이성과 논리를 초월한 환상을 통해서 하나님의 뜻을 깨달았던 것이다.

함경도 어느 고을에 지식이 많고 지혜롭다고 소문난 글방 선생이 있었는데 그의 명성을 듣고 전국 각지에서 젊은이들이 그의 문하생으로 들어와 공부하려고 모여들었다. 우연한 기회에 대나무 이야기가 서생들 사이에 오고 가고 있었는데 전라도에서 온 서생이 대나무는 싹이 나면서 일 년 동안에 전체의 크기가 다 자라 그 후에 점점 굳어진다고 말하니, 함경도 태생이라 대나무 자라는 것을 한 번도 보지 못한 서생이 펄쩍 뛰며 일 년에 한 마디씩 자라는 법이지 어디 그 큰 대나무가 일 년에 다 치솟아 자란단 말이냐?고 말해 두 사람 사이에 논쟁이 벌어졌다.

결론을 얻지 못한 두 서생이 함께 그들의 스승인 선비에게 가서 바른 해답을 듣기로 했는데, 평생을 자기가 살고 있던 그 지방을 떠나보지도 못했거니와 대나무 자라는 것을 보지도 못한 이 선비가 함경도 서생의 말이 이치에 합당한 듯하니 무조건 그의 말이 옳다고 하고, 전라도 서생은 터무니없는 거짓말로 고집을 부린다고 오히려 꾸중을 해서 내보냈다는 이야기가 있다.

이 이야기의 교훈은 아무리 지혜와 지식이 많을지라도 인간의 지식과 지혜에는 한계가 있으며 특별한 시간과 공간의 제한을 받고 사는 인간들은 별 수 없이 제한된 경험과 지식을 갖게 되는 것에 불과하다는 것이다.

함경도에서 전라도를 가보지 못해서 모르고, 내일 일은 내일까지 살아보지 못해서 모르는 인간의 지식과 지혜로는 하늘나라의 사실이나 하나님의 뜻이나 그의 섭리들을 도저히 알 방법이 없는 것이다.

사람들이 자신의 능력으로나 지혜로, 또는 지식으로 발견할 수 없고 알 수도 없는 진리를 하나님께서 친히 인간들에게 전달해 주시는 행위를 계시라고 한다.

그러므로 이 계시의 독특한 수단인 꿈과 환상으로 지혜의 정신을 주셔서 하나님을 알게 하시고(엡 1:17), 모든 것을 가르치시며, 생각나게 하시고(요 14:26), 장래 일을 알리시며(요 16:13), 보이시고, 하나님의 모든 것을 깊이 통달케 하신다(고전 2:10).

3) 꿈과 환상이 우리 삶에 주는 유익

꿈과 환상은 독특한 하나님의 계시의 수단으로서 성령의 조명(밝히고, 알리고, 깨닫고, 보이시는)의 역사이다. 이것을 주시는 것은 우리의 신앙생활뿐 아니라 우리 삶의 유익을 주기 위함이다.

"성령의 나타남을 주시면 유익하게 하려 하심이라"
(고전12:7)

그러면 우리의 신앙과 삶에 어떤 유익을 주는가를 살펴 볼 수 있다.
첫째: 영적인 세계를 알게 된다. "하나님은 영이시니"(요 4:24). 하나님은 영이시기에 구원받은(중생) 자에게 그의 영을 거하게 하셔서(고전 3:15) 그의 모든 것을 통달하게 하신다(고전 2:10).
하나님의 영적인 세계는 무궁무진하고 기묘한 세계로서 그 오묘하심은 사람의 지식이나 지혜로서 이해하거나 정리가 되지 않는다. 상상할 수 없는 초월적인 세계이기에 그 깊이, 높이, 넓이, 깊이의 세계로 꿈과 환상이 인도한다.
둘째: 하나님을 바로 알고 뜻과 섭리를 깨닫게 한다.

"우리 주 예수 그리스도의 하나님 영광의 아버지께서 지혜와 계시의 정신을 너희에게 주사 하나님을 알게 하시고 너희 마음의 눈을 밝히사 그의 부르심의 소망이 무엇이며 성도 안에서 그 기업의 영광의 풍성이 무엇이며 그의 힘의 강력으로 역사하심을 따라 믿는 우리에게 베푸신 능력의 지극히 크심이 어떤 것을 너희로 알게 하시기를 구하노라"(엡 1:17-19).

즉 영의 눈이 밝아지고 하나님을 바로 알고, 부르신 소망과 그 기업이 무엇인지 알며, 풍성하신 분으로서 그의 능력 가운데서 사는 섭리를 깨달을 수 있다는 것이다.
 셋째: 삶을 소망 있게 만들어 간다.

"그러므로 우리가 낙심하지 아니하노니 겉 사람은 후패하나 우리의 속은 날로 새롭도다"(고후4:16)

 속사람이 새롭기만(성령 충만) 하면 겉 사람이 볼품없이 보이더라도 내 영이 맑고 밝아서 하나님과 날마다 만남의 관계를 지속하며 거기서 나오는 에너지(의욕, 창의성, 지혜, 지식, 기쁨, 환희 등)로 영, 혼, 육의 열매를 맺으며 사는 복된 자가 된다.
 넷째: 문제의 원인을 알 수 있다.

"이 백성을 위하여 기도하지 말라 그들을 위하여 부르짖어 구하지 말라 네게 간구하지 말라 내가 너를 듣지 아니하리라"(렘 7:16)

"여호와께서 또 내게 이르시되 너는 이 백성을 위하여 복을 구하지 말라"(렘 14:11)

 왜 신민인 복 받은 백성들의 기도를 안 들어 주시고 복을 구하지 말라고 하시는가? 그럴만한 이유가 있기 때문이다. 이것을 모르기에 원망, 불평, 불만, 저주의 단계까지 가는 안타까운 일이 아닐 수 없다. 이스라엘 백성에게 복을 거부하시는 하나님은 그들에게 복을 거둘 수밖에 없는 근본 원인이 있기 때문이다.

"내 백성은 나를 알지 못하는 우준한 자요 지각이 없는 미련한 자식이라 악을 행하기에는 지각이 있으나 선을 행하기에는 무지하도다 내가 땅을 본즉 혼돈하고 공허하며 하늘들을 우러른즉 거기 빛이 없으며"(렘 4:22-23)라 하셨으니 복 받을 행위는 만들지 않고 하나님을 향한 악을 도모하고 그를 알지 못하는 무지와 그의 뜻을 헤아리지 못하는 개탄스러운 백성을 향해 무엇을 할 수 있겠는가?

우리 삶의 현장에서의 무거운 짐의 문제의 원인들을 다루시는 하나님에 대해 무지하거나 왜곡시켜서는 안 될 것이다.

예레미야를 통해 하나님께서 이스라엘 백성에게 그의 복을 거부함의 원인을 환상으로 알려주신 것같이 꿈과 환상을 통해 문제의 원인을 가르치시고 하나님께 온전한 자가 되도록 이끄신다는 사실을 알아야 한다.

다섯째: 하나님께서 선교의 사명자를 택하신다.

"그 때에 내가 화로다 내가 망하게 되었도다 나는 입술이 부정한 사람이요 입술이 부정한 백성 중에 거하면서 만군의 여호와이신 왕을 뵈었음이로다 그 때 스랍의 하나가 화저로 단에서 취한 바 된 숯을 손에 가지고 내게로 날아와서 그것을 내 입을 대며 가로되 보라 이것이 네 입에 닿았으니 네 악이 제하여졌고 네 죄가 사하여졌느니라 하더라. 내가 또 주의 목소리를 들으니 주께서 이르시되 내가 누구를 보내며 누가 우리를 위하여 갈꼬 하시니 그 때에 내가 이르되 내가 여기 있나이다 나를 보내소서 하였더니"(이사야 6:5-8)

복음을 전하는 도구로 입술은 능력의 기본이다. 그 능력은 입을 성령으로 인치실 때 악과 죄는 사라지고 영혼을 사랑하는 구령의 열정을 가지게 된다.
이사야가 본 환상은 복음의 도구로 사용하시겠다는 택정의 의지를 표명한 것이다. 하나님은 환상을 통해서 그의 도구로 사용할 의지를 밝히신다는 것을 알아야 할 것이다. (모세의 떨기나무 사건 창 3:12)
여섯째: 미래의 일을 알기 때문에 경건하게 살아간다.

"예수 그리스도의 계시라 이는 하나님이 그에게 주사 반드시 속히 될 일을 그 종들에게 보이시려고 그 천사를 그 종 요한에게 보내어 지시한 것이라 요한은 하나님의 말씀과 예수 그리스도의 증거 곧 자기의 본 것을 다 증거하였느니라 이 예언의 말씀을 읽는 자와 듣는 자들과 그 가운데 기록한 것을 지키는 자들이 복이 있나니 때가 가까움이라"(계 1:1-3)

예수로 인하여 밧모 섬에 유배되어 있던 사도 요한에게 보여 주신 미래의 세계는 앞날의 이루어질 때를 준비하며 현실을 넉넉히 이겨내며 경건 생활을 정진하게 만든다.

베드로는 욥바의 파장의 시몬 집에서 기도하다가 고넬료에게 가서 전도할 것을 지시받는다(행 10:20). 바울은 예루살렘으로 돌아가는 길에서 자신이 그곳에서 당할 환란을 예고하였다(행 21:10-11). 영의 세계는 경험의 세계가 아니고 직관의 세계이다. 지성은 시간과 공간을 따라 수평적으로 인식하지만, 성령의 역사는 그런 것을 초월하여 직관적으로 인식한다. 즉 시간과 공간의 제약을 초월한다. 예수님도 구약의 선지자들도 미래의 것들을 예언한다. 예수님께서도 믿는 자들에게 성령이 오시면 장래 일을 알게 하시리라고 약속하셨다(요 16:13). 오늘날 이러한 종류의 은사를 멸시하는 경우가 있는데 분명히 바울은 예언을 멸시치 말라고 명령하였다는 것을 알아야 할 것이다(살전 5:20).

일곱째: 다른 사람에게 메신저의 역할 및 의무와 책임을 감당하게 한다.

개인, 가정, 사회, 교회, 국가, 민족 등의 현재와 미래를 보게 되므로 권고, 충언, 수정 등을 하게 하여 소망을 갖게 한다. 지혜롭게 대처방안을 강구하게 만든다. 여기에 유의할 사항이 있다. 상대의 상황을 안다고 자존심을 해치는 직언은 피하고 군림하는 태도를 갖지 않으며, 사랑하는 마음으로 지혜를 구하여야 한다. 그렇지 않으면 사단의 궤

계에 넘어질 수 있다는 사실을 명심해야 한다.

에스겔 37장 1-14절의 에스겔이 골짜기의 뼈들에게서 살이 붙고 그것이 큰 군대가 되는 환상을 보고 절망의 이스라엘이 소생할 것을 예견하고 소망의 미래를 이스라엘에게 전하기 위해 준비한다.

"여호와께서 사무엘에게 이르시되 보라 내가 이스라엘 중에 한 일을 행하리니 그것을 듣는 자마다 두 귀가 울리리라 내가 엘리의 집에 대하여 말한 것을 처음부터 끝까지 그 날에 그에게 다 이루리라 내가 그 집을 영원토록 심판하겠다고 그에게 이른 것은 그의 죄악을 인함이니 이는 그가 자기 아들들이 저주를 자청하되 금하지 아니하였음이니라 그러므로 내가 엘리의 집에 대하여 맹세하기를 엘리 집의 죄악은 제물로나 영영히 속함을 얻지 못하리라 하였노라 사무엘이 아침까지 누웠다가 여호와의 집 문을 열었으나 그 이상을 엘리에게 알게 하기를 두려워하더니"
(삼상 3:11-15)

엘리 제사장 집안의 일의 장래를 꿈과 환상으로 알게 되므로 그 사실에 대해 두려워(심판의 장래) 어찌할 수 없는 사무엘의 마음을 엿볼 수 있다. 그러나 하나님은 엘리 자신이나, 자녀, 그의 가정에 대해 분명히 실행의 의지가 있기에 사무엘은 그에 따르는 메신저가 해야 할 역할의 의무와 책임을 감당해야 한다.

여덟째: 전도의 도구로 사용된다.

"그 마음의 숨은 일이 드러나게 되므로 엎드리어 하나님께 경배하며 하나님이 참으로 너희 가운데 계시다 전파하리라"(고전 14:25)

"이에 느부갓네살왕이 엎드려 다니엘에게 절하고 명하여 예물과 향품을 그에게 드리게 하니라 왕이 대답하여 다니엘에게 이르되 너희 하나님은 참으로 모든 신의 신이시요 모든 왕의 주재시로다 네가 능히 이 은밀한 것을 나타내었으니 네 하나님은 또 은밀한 것을 나타내시는 자시로다"(단 2:46-47)

다니엘이 느부갓네살왕의 꿈을 해석하여 주므로 하나님을 인정하고 시인하고 알게 됨으로 하나님을 경배의 대상으로 여기게 되어 전도의 좋은 기회가 된 것이다.

아홉째: 영적인 성장과 성화 된 신앙생활로 나아가게 한다. 꿈을 해석하다 보면 우리가 의식하고 있는 세계보다 훨씬 커다란 세계가 있음을 깨닫게 될 것이다. 그리고 꿈 해석을 통해 하나님의 능력을 직접 경험함으로써 커다란 영적 성장을 이룩하게 될 것이다. 하나님께서는 꿈을 통해 우리를 완전한 성화로 나아가도록 초청하시기 때문이다.

열째: 꿈이라는 선물을 주신 하나님께 감사와 사랑하는 신앙생활을 더욱 고조시키게 한다.

"야곱이 잠이 깨어 가로되 여호와께서 과연 여기 계시거늘 내가 알지 못하였도다. 이에 두려워하여 가로되 두렵도다 이곳이여 다른 것이 아니라 이는 하나님의 전이요 이는 하늘의 문이로다 하고"(창 28:16-17)

"야곱이 아침에 일찍이 일어나 베개 하였던 돌을 가져 기둥으로 세우고 그 위에 기름을 붓고 그 곳을 이름을 벧엘이라 하였더라. 이 성의 본 이름은 루스더라 야곱이 서원하여 가로되 하나님이 나와 함께 계시사 내가 가는 이 길에서 나를 지키시고 먹을 양식과 입을 옷을 주사 나로 평안히 아비 집으로 돌아가게 하시오면 여호와께서 나의 하나님의 되실 것이요 내가 기둥으로 세울 이 돌이 하나님의 전이 될 것이요 하나님께서 내게 주신 모든 것에서 십분 일을 내가 반드시 하나님께 드리겠나이다 하였더라"
(창 28:18-22)

야곱은 꿈을 통해 하나님과 자신과의 관계가 어떤 관계인가를 알았기에 감사가 나왔고(십일조), 하나님을 사랑하는 생활(나와 함께하시고 지키시는) 및 신앙생활의 정착화(나의 하나님이 될 것이요)가 되었던 것이다.

출애굽기 3장 7-8절에 보면, 이스라엘 백성이 430년 동안 바로의 압정에서 노예 생활을 하고 있을 때 하나님께서 그들의 고통의 기도를 들으시고, 보시고, 알고, 내려와서, 건져내어 젖과 꿀이 흐르는 가나안 땅으로 인도하신다고 약속하셨다.

  이렇듯이 하나님은 꿈과 환상을 통해 우리의 삶의 현장 가운데 깊숙이 개입하셔서 함께하시고 신앙생활의 성장과 성화로 나아가게 하신다는 것을 잊어서는 안 될 것이다.

4장 영적 생활과 꿈

1) 신령한 신앙생활의 정황

"너희의 온 영과 혼과 몸이 우리 주 예수 그리스도께서 강림하실 때에 흠 없게 보전되기를 원하노라"(살전 5:23)

기독교 이론으로 인간 구조학적인 측면에서는 영, 혼, 육의 삼분설로 인간을 다루고 있다.
영에 대해서는, 창조 문화 즉 하나님 문화(창 2:7)이다.
혼에 대해서는, 지식, 지혜의 정신 문화(창 2:19)이다.
육에 대해서는, 의, 식, 주의 생활 문화(창 3:17-19)이다. 여기서 기독교적 이론으로 세분화하면, 속사람과 겉 사람으로 보는 것이 성경적 기독교 정론(正論)이라 할 수 있다.

• **속사람**(영원한 영: 마음에 숨은 사람)
"오직 숨은 사람은 온유하고 안정한 심령의 썩지 아니할 것으로 하라 이는 하나님 앞에 값진 것이니라"(벧전 3:4).

• 겉 사람(썩어질 육)
"그러므로 우리가 낙심하지 아니하노니 겉 사람은 후패하나 우리의 속은 날로 새롭도다"(고후 4:16).
 여기서 썩어질 것과 썩지 아니할 것이 있음을 밝혀 주고 있다. 그리고 하나님은 썩지 아니할 것을 값지게 보신다는 것이다. "육신의 생각은 사망이요 영의 생각은 생명과 평안이니라"(롬 8:6).
 그러므로 하나님은 우리의 겉 사람이 나타날 때에 가차없이 외면하시고 속사람이 나타날 때에 기뻐하시고 역사하신다(사울의 불순종, 다윗의 범죄, 모세의 므리바 물, 반석에서 지팡이 2번 친 행동).
 신경질, 고집, 세상 지식, 이성, 사상, 철학 등은 겉 사람을 통해 역사한다. 겉 사람이 완고하고 강하면 은혜받기 힘들다. 어떤 분은 꿈에 하나님의 음성을 듣는다. 사무엘은 성전에서 잠을 잘 때 음성을 세 번 들었다(삼상 3:3-10). 찬송도 듣고 방언도 하고 자신의 신앙 상태를 보게 되는데 꿈을 깨고 나면 겉 사람으로 돌아온다. 이런 분은 천성적으로는 부드러운 분인데 겉 사람이 강퍅해져서 문이 열리지 않는 것이다. 그래서 그들의 육체, 이성이 잠을 잘 때 하나님께서 영을 통해서 역사하는 영몽을 꾸는 것이다. 즉 강한 자아가 원천 봉쇄되는 잠근 장치가 작동하는 잠을 통해 주의 영이 역사하는 것이다. 우리는 육적인 것들을 십자가에 못 박아야 한다. 하나님의 영의 역사는 무의식 세계에서 강하게 나타난다.

　첫째: 영적인 그리스도인이다.

　찬송가 412장은 "평화 평화 하늘 위에서 내려오네"고 평화가 하늘에서 내려온다고 찬양한다.

"이러한 지혜는 위로부터 내려온 것이 아니요 세상적이요 정욕적이요 마귀적이니 시기와 다툼이 있는 곳에는 요란과 모든 악한 일이 있음이니라 오직 위로부터 난 지혜는 첫째 성결하고 다음에 화평하고 관용하고 양순하며 긍휼과 선한 열매가 가득하고 편벽과 거짓이 없나니 화평케 하는 자들을 화평으로 심어 의의 열매를 거두느니라"(약 3:15-18).

"꿈에 본즉 사닥다리가 땅 위에 섰는데 그 꼭대기가 하늘에 닿았고 또 본즉 하나님의 사자가 그 위에서 오르락내리락하고 또 본즉 여호와께서 그 위에 서서 가라사대 나는 여호와니 너의 조부 아브라함의 하나님이요 이삭의 하나님이라 너 누운 땅을 내가 너의 네 자손에게 주리니 네 자손이 땅의 티끌 같이 되어서 동서남북에 편만할지며 땅의 모든 족속이 너와 네 자손을 인하여 복을 얻으리라 내가 너와 함께 있어 내가 어디로 가든지 너를 지키며 나를 이끌어 이 땅으로 돌아오게 할지라 내가 네게 허락한 것을 이루기까지 너를 떠나지 아니하리라 하신지라"(창 28:12-15).

이것은 하나님과의 관계가 밀접하게 신령한 영적인 사람의 온전한 믿음의 상태를 말해 주는 것이다.

영적인 신앙생활은 성령을 좇는다. 하나님을 경외한다. 오직 말씀으로 산다. 먼저 그의 나라와 그의 의를 구한다. 하늘에 보물을 쌓아 둔다. 항상 기뻐하고 쉬지 말고 기도하며 범사에 감사하는 사람이다.

둘째: 혼적인 그리스도인이다.

"나더러 주여 주여 하는 자마다 천국에 들어 갈 것이 아니요 다만 하늘에 계신 내 아버지의 뜻대로 행하는 자라야 들어가리라"(마 7:21)

"서기관들과 바리새인들이 모세의 자리에 앉았으니 그러므로 무엇이든지 저희의 말하는 바는 행하고 지키되 저희의 하는 행위는 본받지 말라 저희는 말 만하고 행치 아니하며"(마 23:2-3)

형식주의, 가식주의, 외식주의를 향한 경고이시다. 회칠한 무덤 같은 바리새인의 신앙이다.

『복음주의 바리새인』이란 제목의 책을 출간한 [마이클 리브스]는 오늘날 복음주의 교회와 신자들이 예수님께서 경고하신 "바리새주의의 누룩, 곧 위선"에 빠져들어 가고 있다고 한탄하면서 참된 복음의 본질로 돌아갈 것을 촉구한다.

[리브스]는 바리새주의가 단순한 도덕적 실패가 아니라, 신학적이고 영적인 오해에서 비롯된다고 진단한다. 그는 바리새인들이 오해했던 기독교의 본질적 세 교리, 즉 성경관, 구원에 대한 이해, 거듭남의 필요성을 중심으로 복음주의 내에 뿌리내린 바리새주의를 지적했다.

{그릇된 성경관: 계시의 오해}
바리새인들은 성경의 권위를 철저히 인정하고, 말씀을 연구하는 데 열심이었다. 그러나 그들은 성경이 가리키는 '영생의 주'이신 예수님을 멀리했다. 성경 자체를 신격화하거나, 해석의 권위를 자신이나 특정 집단에 부여하는 오류에 빠졌다.

[리브스]는 오늘날 복음주의자들도 성경을 통해 하나님을 만나는 대신, 성경 지식 자체를 자랑하거나 자신의 의로움을 드러내는 수단으로 삼기 쉽다고 경고한다.

{왜곡된 구원관: 구속의 본질을 잃다}
바리새인들은 율법을 철저히 지키려 했지만, 그 과정에서 구원의 본질을 잃었다. 그들의 열심은 자기 의와 사람들의 칭찬을 얻기 위한 것이었고, 결국 하나님의 은혜를 평가 절하했다.

복음주의자들 역시 "내가 옳다"는 확신을 지키기 위해

신앙의 열심을 내지만, 그 열심이 하나님의 영광이 아니라 자신의 명예와 인정욕구를 위한 것일 때, 바리새주의에 빠질 수 있음을 [리브스]는 지적한다.

{거듭남의 경시: 성령의 사역을 무시}

바리새인들은 외적 경건과 형식에 집중했지만, 내면의 변화, 성령을 통한 거듭남에는 무관심했다. [리브스]는 복음주의자들도 종교적 열심과 도덕적 청렴함에 집착하면서, 진정한 내적 변화와 성령의 역사를 소홀히 할 수 있음을 경고한다. 그는 "복음의 본질보다 형식에 관심을 두게 만드는 바리새주의가 결국 교회를 죽이는 종교로 변질시킨다"고 말한다.

[리브스]는 복음주의 바리새인의 증상과 폐해를 고발한다. 그는 바리새인주의의 가장 심각한 폐해로 '교만'을 꼽는다. 바리새인은 자신의 의로움을 자랑하며, 타인을 정죄하고, 하나님보다 사람의 영광을 더 사랑한다.

성경과 신학 지식조차 자신의 명예와 권위를 위한 도구로 전락한다. 그 결과 겉으로는 아름다워 보이지만 속은 썩어 문드러진 '회칠한 무덤'이 되고 만다.

이러한 바리새주의는 교회 안에 위선과 두려움의 문화를 조성하고, 진정한 영적 생명력을 앗아간다. 신자들은 끊임없이 자기 열심을 증명해야 한다는 강박에 시달리며, 하나님이 원하시는 진정한 만족과 안식을 누리지 못한다.

[리브스]는 '복음을 진실하게 붙드는 삶(gospel

integrity)'이야말로 오늘날 교회에 가장 시급히 필요한 것임을 강조한다.

[리브스]는 바리새주의의 치유책으로 '복음의 삼위일체적 본질' 회복을 제시한다. 그는 계시(성부), 구속(성자), 거듭남(성령)이라는 복음의 세 핵심 요소를 강조하며, 신자들이 이 세 가지를 균형 있게 붙들 때 참된 개혁과 영적 회복이 가능하다고 말한다. 따라서 성경을 통해 하나님을 만나야 한다. 즉 성경 지식이 아니라 하나님과의 인격적 관계에 집중할 것을 요구한다.

또 오직 예수 그리스도의 십자가 은혜로만 구원받는다는 진리를 붙들어야 한다. 나아가 성령의 역사로 내면이 새로워지는 참된 변화를 경험할 것을 강조한다. 이러한 복음 이해는 신자들이 자기 의와 위선의 가면을 벗고, 하나님의 영광을 드러내는 삶으로 나아가게 한다.

우리의 신앙생활이 혼적으로 빠져들어 가지 않도록 경계 의식을 가지고 [리브스]가 말한 경고들을 귀 담아 들어야 할 것이다.

셋째: 육적인 그리스도인이다.

"믿음의 착한 양심을 가지라 어떤 이들이 이 양심을 버렸고 그 믿음에 관하여는 파선하였느니라. 그 가운데 후매내오와 알렉산더가 있으니 내가 사단에게 내어준 것은 저희로 징계를 받아 훼방하지 말게 하려 함이니라"(딤전 1:19-20).

세상에 빠져 믿음에서 파선된 자들의 모습이다. 이는 "내가 그리스도와 함께 십자가에 못 박혔나니 그런즉 이제는 내가 사는 것이 아니요 오직 내 안에 그리스도께서 사시는 것이라 이제 내가 육체 가운데 사는 것은 나를 사랑하사 나를 위하여 자기 자신을 버리신 하나님의 아들을 믿는 믿음 안에서 사는 것이라"(갈 2:20)는 말씀에 하자가 일어난 현상이다. 그 근본 원인은, 신앙 상태가 유아 수준, 죄의 굴레에서 반복되는 실패, 신령한 것들을 받지 못함, 복음의 감격이 없는 상태에서 얼마든지 형성된다. 그러므로 그리스도께서 나의 주인 됨의 정착이 분명해야 할 것이다.

2) 영(靈)의 통로

성경은 한 부류의 비그리스도인과 세 부류의 그리스도인이 있음을 밝혀 주고 있다.

첫째: 비그리스도인이다.

"그 때에 너희가 그 가운데서 행하여 이 세상풍속을 좇고 공중의 권세 잡은 자를 따랐으니 곧 지금 불순종의 아들들 가운데서 역사하는 영이라"(엡 2:2).

"마음에 하나님 두기를 싫어하매"(롬 1:28)

"믿지 아니하는 자는 하나님의 독생자의 이름을 믿지 아니하므로 벌써 심판을 받은 것이니라"(요 3:18)

하나님은 그의 독생자 예수 그리스도를 중생하지 못한

자들에게 그를 믿어 영생의 길을 열어 놓았지만, 이 복음을 거부하므로 심판을 그들이 자초하는 것이다. 즉 지옥의 심판은 피할 수 없는 것이다(계 20:12-15).

둘째: 신실한 그리스도인이다.

"우리 하나님 구주 예수 그리스도의 의를 힘입어 동일하게 보배로운 믿음을 받을 자 그 보배롭고 지극히 큰 약속을 우리에게 주사 이 약속으로 말미암아 너희로 정욕을 인하여 세상에서 썩어질 것을 피하여 신의 성품에 참여하는 자 되게 하려 하셨으니"(벧후 1:4)

이는 세상과 나는 간 곳 없고, 믿음의 주를 바라보며 신의 성품에 참여하는 자이다. 중생한 후에 영의 양식으로 양육함을 받아 영적으로 성장하는 자이다.

셋째: 어린 그리스도인이다.

"대저 젖을 먹는 자마다 어린아이니 의의 말씀을 경험하지 못하는 자요"(히 6:13)

"즉 말씀을 깨닫지 못하고 말씀을 인하여 환난이나 핍박이 일어날 때 넘어지며 세상에 염려와 재리의 유혹에 말씀이 막혀 결실치 못하는 자이다"(마 13:20-22)

중생은 했으나 영적으로 성장하지 못하여 죄와 성품을 지배되는 사람이다.

넷째: 타락한 그리스도인이다.

"한번 비췸을 얻고 하늘의 은사를 맛보고 성령에 참여한바 되고 하나님의 선한 말씀과 내세의 능력을 맛보고 타락한 자들은 다시 새롭게 하여 회개할 수 없나니 이는 자기가 하나님의 아들을 다시 십자가에 못 박아 현저히 욕을 보임이라"(히 6:4-6). 즉 믿음의 선물을 받고, 은사 소유, 성령의 능력으로 표적, 말씀의 확신, 천국의 소망을 가진 자이지만 자신의 의를 드러내고, 자신의 영광을 받을 때 버림을 받은 자가 된다(마 7:22-23).

그럼, 여기서 그리스도인들에게 영의 통로는 어떻게 오는가?를 살펴보면 다음과 같다.

첫째: 믿음의 통로로 온다. 믿음은 사람의 지혜에 있는 것이 아니라 하나님의 능력에 있기 때문에(고전 2:5) 들은 바 하나님의 말씀이 거듭난 영에서 역사하기 시작하여 예수께서 일할 수 있는 믿음의 통로를 만든다.

둘째: 순종의 통로로 온다. 하나님께서 순종하면 믿음이 순수하고 깨끗해짐으로 영의 통로가 열려서 하나님의 은혜를 쉽게 받고 체험할 수 있다. 예수 그리스도의 십자가로 마음의 원수 된 것을 파괴되고 하나님께 순종함으로 옛사람과 그 행위를 벗어버리면 새 마음을 입어 창조자의 형상을 따라 지식에까지 새롭게 되는 것이다. 새 마음, 새 지식을 가질 때에 영의 통로로 하나님께 영광을 돌리며 영적 교통이 이루어진다.

셋째: 진리의 말씀을 새김의 통로로 온다. 하나님의 말씀을 마음과 생각에 새기면(기록: 마음, 육비에 새김) 생명의 말씀이 내 속에 나의 영을 자극하여 역사하게 한다(살전 2:13).

넷째: 성령의 감동된 말씀을 듣고 지킴으로 영의 통로

가 열린다. 행하지 않으면 죽은 것이기 때문이다(약 2:17). 즉 영의 통로가 닫힌다는 것이다.

3) 성도 안의 성령의 은사

하나님의 성령은 그리스도의 영이며 성도 안에서 거한다. "내가 그리스도와 함께 십자가에 못 박혔나니 그런즉 이제는 내가 산 것이 아니요 오직 내 안에 그리스도께서 사신 것이라"(갈 2:20)의 경험은 결과이다. 즉 하나님의 성령은 인간인 나와 제휴하고 인간인 나는 하나님과 성령과 제휴하는 것이다. 그것이야말로 우리의 주께서 약속하신 것이다.

바로 너희와 함께 계신 분께서 너희 안에 계시는 것이다. "그 날에…너희가 내 안에 내가 너희 안에 있는 너희가 알리라"(요 14:20). 성자께서 인간의 몸으로 강림할 때 그는 하나님의 대권과 특권과는 방기했다. 성자 자신은 언제나 불변이시다. 그는 어제나 오늘이나 영원히 변하지 않는 분이시다(히 13:8). 그러나 그는 높은 보좌를 버리고 우리와 함께 성질과 운명을 같이 하신 것이다. 이에 대하여 하나님은 스스로 낮추신 성자에게 하나님의 성령으로 충만케 하셨기 때문에 성자이신 우리의 주님은 모든 것을 성령께 의존했다. 그의 육체는 성령에 의해서 예비되었고 성령의 인도하심을 따라 그의 지혜도 키도 성장해 갔다(눅 2:40, 5 2).

성도가 성자 그리스도와의 친교는 성부와 성자와 친교에서와 같이 결정적인 것이다. 성부께서 성자에게 부여하신 것과 똑같이 모든 성자의 유산을 포함하고 있다. 성자 안에 있었던 같은 성령이 우리 속에도 있는 것이다. 성자께서 가지고 있었던 모든 것은 우리의 소유도 되는 것이 성령이 성자 그리스도 안에 거하셨던 것 같이 성도 속에도 거하신다.

"너희 몸은 너희가 하나님께로부터 받은바 너희 가운데 계신 성령의 전인 줄을 알지 못하느냐"(고전 6:19)

"하나님께서 가라사대 내가 저희 가운데 거하며 두루 행하며 나는 저희 하나님이 되고 저희는 나의 백성이 되리라"(고후 6:16)

"너희 속에 하나님의 영이 거하시면 너희가 육신에 있지 아니하고 영에 있나니"(롬 8:9)

"예수를 죽은 자 가운데서 사리신 이의 영이 너희 안에 거하시면 그리스도 예수를 죽은 자 가운데서 살리신 이가 너희 안에 거하시는 그의 영으로 말미암아 너희 죽을 몸도 살리시리라"(롬 8:11)

이상의 말씀은 그리스도와 함께 죽고 그의 부활에 참여

하며 우리의 주님과 그의 신자가 서로 상대방 속에 산다고 하는 것은 영적 생활과 능력과의 관계에 있어서 영혼을 나타내는 것이다.

내재하는 분은 진실한 인격자이고, 따라서 영적인 존재이다. 그것은 인간의 두뇌나 마음의 어딘가에 머물 수 있는 은사가 아니라 그것과는 준별되는 인격적인 영이다. 그것은 하나의 인격 안의 인격인데, 그것에 의해서 성령은 우리의 생명의 영이 되는 것이다.

우리 속에서 일하는 것은 하나님의 전능성에 의해서이다. 초자연적 은총이며 우리의 영 속에서 일어나는 하나님의 놀라운 행위이다. 인간이 하나님의 성령으로 채워진다고 하는 것은 형용할 수 없는 성스럽고 영광으로 가득 찬 일이다.

"여호와의 신이 기드온에게 강림하시다"(삿 6:34)

인간성에게 내려진 성령이야말로 수욕의 기적이다. 성자께서 육체를 지닌 것 같이 성령께서도 몸을 필요로 하신다. 성자를 위한 몸은 성령에 의해서 마련되었다. 그리고 성령을 위한 몸은 성자에 의해서 가능케 된다. 성령께서는 기드온 속에 또 그를 통하여 살았다. 그리하여 기드온의 생명은 성령의 생명이 되었다. 그에게 성령이 주어지는 몸이 마련되었다. 성령은 기드온의 두뇌를 통해서 일하셨으나 역시 기드온은 의연히 기드온이고 성령은 의연히 성령이었던 것이다.

　같은 성령은 우리 속에 계시는 것에 의해서 우리의 죽은 몸도 살리실 것이다.

"예수를 죽은 자 가운데서 살리신 이의 영이 너희 안에 거하시면 그리스도 예수를 죽은 자 가운데서 살리신 이가 너희 안에 거하시는 그의 영으로 말미암아 너희 죽을 몸도 살리시리라"(롬 8:11)

　현재의 경험이다. 우리의 죽을 몸도 살리시는 분은 우리 속에 거하시는 성령이시다. 그것은 새로운 기능을 만들어 내는 것이 아니라 잠자고 있는 것을 깨워 일으키고 가라앉은 것을 발전시킨다. 인간이 가진 천부의 재능이 성령의 능력의 기초이다. 그러나 인간 존재의 어떤 부분도 성령의 능력에 의해서 생기로 채워지지 않은 것은 없다.

　성령께서는 충만한 생명을 주시며 육신적, 정신적, 물질적인 것을 속량하고 사회의 구원도 귀속시킨다. 만유는 성령에 의한 해방을 열망하고 있다.

　성령은 사람들 속에 거하사 성별된 인간성을 가지고 스스로를 정비하고 위대한 역사를 완성하거니와 그렇게 하기 위해서는 자신을 주님께 맡기고 절대적으로 복종하고 단순한 신앙을 갖는 소수의 평범한 사람을 필요로 한다.

　성령은 모든 것을 포괄하는 은사이다. 성령에 있어서 그리고 성령을 통하여 우리들의 필요한 모든 것은 채워진다.

성령은 진리의 생명, 지혜와 힘, 그리고 은혜와 사랑의 영이시다. 그는 깊이를 탐지하고 기도의 비밀을 우리들의 마음에 가르쳐 준다. 성령은 그리스도의 것을 받아 그것을 우리들의 정신과 심정에 전달해 준다. 그는 하나님의 에너지와 능력의 원천인고로 그를 통해서 우리들의 속사람은 힘을 얻게 되는 것이다. 그러므로 성령의 공급이야말로 모든 필요를 채워주는 것이다.

성령은 하나님께 깃든 광영 있는 완전하고 영원한 유산을 우리들에게 보증해 준다. 성령의 은사가 언제나 우리들의 마음을 부풀게 하는 것은 바로 이 때문이다. 그리하여 그 신뢰는 부동이고 그 힘은 불침이며 그 기쁨은 말할 수 없는 것이다.

성령의 은사에 대해 동의하지 않는(성경이 완성된 후 성경이 완전 계시로, 초대교회의 단회적 사건으로 봄으로 끝난 사건으로 주장한다)분들이 있는데, 그러나 성경은 "예수 그리스도는 어제나 오늘이나 영원토록 동일하시니라"(히 13:8)고 말씀하고 계시다. 하나님은 영원하신 분이시요 주님도 변치 않으시고, 성령님도 하나이다. 더구나 우리의 믿음도 초대교회나 지금이나 하나이다. 몸(교회)도 하나이다(엡 4:4-6). 다시 말하면, 초대교회나 현대교회나 똑같은 하나님, 주님을 믿으며 똑같은 성령님이 역사하시고 똑같이 주님의 지체로 여기시는 것이다.

주님께서 사도들에게 주신 말씀과 사명은 오늘날 우리 성도들에게도 변함없이 해당된다(마 28:18). 우리가 예수를 믿고 그를 영접할 때 예수를 영, 즉 성령이 우리 안에서 역사하시어 잃었던 기능을 되찾게 된다.

성령의 은사는 성도가 주도권을 가지고 마음대로 선택하는 것이 아니고, 선천적인, 영적인 기질이다. 내재하시는 성령은 영혼의 계속적인 성장을 위하여 일할 수 있는 능력을 주신다.

사람에게는 신성이 있어서 초자연적인 현상이 일어나는 것은 사실이며, 또 사람이 자기 안에 초자연적인 현상이 있을 때 그 사람의 정서, 성격, 환경에 따라 비정상적인 반응을 할 때가 있다는 사실이다.

고린도전서 12장 4-11절에 보면, 성령의 은사들을 다양하게 나열하고 있다. 이 은사들은 교회와 신앙생활의 유익을 위해서 주시고(고전 12:7), 지혜의 말씀, 지식의 말씀, 믿음을, 병 고침, 능력 행함, 예언함, 영들 분별, 각종 방언, 방언들 통역함 등을 그의 뜻대로 나누어 주신다(고전 12:11). 이밖에 봉사와 행정(고전 12:28), 사랑(고전 12:31)도 성령의 은사에 해당된다. 그러나 그 외의 성령의 은사는 하나님의 뜻에 따라 우리에게 다양한 은사를 선물로 주신다.

그리스도인들에게 다양하게 주시는 은사에 대해서 주의할 사항이 있는데 사도행전 8장의 시몬처럼 은사를 욕심으로 구하여 자신의 이익을 취하려는 일은 없어야 할 것이다. 하나님의 영광을 가리거나 성령을 소멸케 되어 성령 충만을 사라지게 된다는 사실을 명심해야 한다.

아울러 성령의 은사 중 가장 큰 은사는 사랑의 은사이다(고전 12:31, 13장).

4) 꿈에 대한 교회의 역사적 인식

1~5세기의 초대교회는 구약시대로부터 내려오는 꿈 해석 전통을 이어받았으며, 하나님이 꿈과 환상을 통해서 인간에게 말씀하신다는 확신을 가졌다. [저스틴 마터], [이레니우스], [알렉산드리아 클레멘트], [아타나시우스], [어거스틴], [존 크리소스], [안토니], [대 바실], [나지엔의 그레고리], [존 카시안]을 비롯한 많은 교부의 저술에 뚜렷이 드러나 있다.

[존 크리소스톰]은 "하나님께 마음을 열어 귀를 기울이는 사람은 꿈 이외의 다른 특이한 계시가 필요 없다. 하나님은 꿈을 통해서도 충분히 그와 대화하실 수 있기 때문이다"라고 말하고 있다.

[터틀리안]은 꿈을 "하나님의 선물로 주시는 은사"라고 하면서 하나님은 이 선물을 1세기의 사도들과 모든 사람에게 약속하고 계시다고 말했다.

[오리겐]은 꿈이 "하나님께서 우리의 삶을 섭리하시는 도구"이며 하나님은 이 섭리를 통해서 꿈을 꾼 사람뿐 아니라 그 꿈 이야기를 들은 사람들의 삶도 이끌어 가신다고 믿고 있다.

[아타나시우스]는 우리들이 현실에서는 생각하지도 못했

던 놀라운 능력을 꿈에서는 자유롭게 발휘할 수 있다는 사실을 지적하고 있다.

[씨프리안]은 하나님께서 교회 총회 자체를 꿈과 그 밖의 여러 가지 환상을 통해서 인도해 오셨다고 주장하고 있다.

교회사학자 [소조엔]에 의하면 [나지엔의 그레고리]는 하나님의 능력이 늘 충만하여 꿈이나 환상의 해석에 매우 능했으며 갑작스러운 위기로 인해 고통받고 있는 사람들의 꿈을 해석해 줌으로써 그들을 치유해 주는 능력이 있었다.

[그레고리 타우마터거스]는 침례 요한과 예수님의 어머니 마리아가 등장하는 아름다운 꿈을 꾸고 나서 기독교로 개종하였다고 했다.

[디오니시우스]는 한 꿈을 통해서 이교도들이나 이단적인 기독교인들의 저술을 연구해도 된다는 허락을 받았다. "너는 믿음이 굳건하므로 두려워할 이유가 없다"는 격려의 음성을 들은 것이다.

[콘스탄틴 대제]는 서구 문명의 새로운 장을 열었던 로마의 대 접전을 눈앞에 두고 매우 중대한 꿈을 꾸었다.

[시레네의 시네시우스]는 "꿈보다 더 큰 희망을 안겨 주는 것은 없다. 우리가 잠자는 동안 마음에 일어나는 희망은 하나님이 주신 약속과 보증으로 우리들의 꿈에 나타난다"고 말했으며 꿈속에서 경험하는 영상들이 극히 개인적인 것들이기 때문에 그 영상들을 가장 잘 해석할 수 있는

사람은 꿈을 꾼 당사자라고 주장하고 있다. 또한 그가 쓴 『꿈에 관하여』(on Dreams)에는 심리학적, 영적 통찰력이 깊이 있게 나타나 있는데, 아마도 20세기에 들어서 [칼 융]이 꿈을 학문적으로 다루기 전까지는 가장 뛰어난 꿈 이해가 제시되어 있다고 할 수 있을 것이다. 그는 꿈은 우리와 우주 사이, 그리고 우리들 사이의 관계를 밝혀줌으로써 우주 전체의 의미를 드러내고 있다고 한다. 또한 꿈을 통하여 깨달은 이와 같은 우주적인 의미를 따라 살아가면 우리의 모든 행동이 서로 조화를 이루게 되기 때문에 자기 자신과 더 이상 싸울 필요가 없게 된다고 말하고 있다.

초대 기독교 저술가들은 꿈에 나타나는 영상들이 현실의 삶에서 눈에 보이고 손으로 만져지는 나무나 동물이나 사람들과는 달리 영적인 세계를 알리는 상징이라고 분명히 말하고 있다.

초대교회는 꿈 해석을 통해 신앙 공동체나 개인의 삶 속에서 하나님의 섭리를 찾고 영성 생활을 보다 풍요롭게 하는 데 역점을 두었다.

이에 반해 5, 6세기의 그리스도인들은 자기중심적인 중산층답게 꿈 해석을 자신의 안전과 행복을 지키는 도구로 이용하려 했을 뿐 꿈을 통해 인간을 완전한 성화로 부르시는 하나님의 음성과 초청에 귀 기울이려 하지 않았다. 한때는 교회에서 오해와 천대를 받기도 하였던 [제롬]이 히브리 사본을 라틴어로 번역할 때 문제의 히브리어 아닌

(anan)을 꿈의 해석으로 오역함으로써 꿈 해석이 설 자리를 잃고 말았다. 문제의 아난(anan)은 주술과 점술을 의미하는 단어로 주로 점쟁이나 마술사나 마녀를 부를 때 사용했기 때문이다. 이것을 물론 [켈시]가 잘못된 것임을 밝혀내었다. 레위기 19장 26절, 신명기 18장 10절을 번역하면서 [제롬]은 "너희는 마술과 점술을 행하지 말라"는 계명을 "너희는 마술과 꿈 해몽을 하지 말라"로 바꾸어 놓았다. 이처럼 어처구니없는 오역에도 불구하고 "볼게이트" 성경이 교회에서 절대적인 권위를 지니게 되어 꿈 해석은 점술 취급을 받게 되었고 다른 미신들과 똑같이 정죄당하기 시작하였다. 물론 [켈시]가 말했다.

　6세기 이후 [제롬]이 오역한 레위기 19장 26절, 18장 10절을 꿈 해석에 대한 성경의 금지 계명으로 여기고 꿈에서 통찰과 위안과 희망을 얻으려는 그리스도인들을 억압하기 시작하였으며 [그레고리 교황]은 [제롬]의 영향을 받아 "망상이나 환각으로부터 진정한 계시를 구분해 낼 수 있는 능력은 성인들에게만 있으므로 꿈에만 의존해 신앙생활을 하는 것은 위험천만한 일이다"라고 경고하기도 하였다. 그러므로 꿈과 환상 같은 직접적인 경험보다는 이성적인 방법을 통해 하나님과 만나는 것이 보다 안전하다고 주장하였다.

　중세에 와서 [아퀴나스]는 그의 저서『신학대전』에서 교회와 그리스도인들에게 꿈 해석을 공적으로 권하지 않는 것만은 사실이다. 그러나 개인적으로는 하나님께서 꿈과 환상을 통하여 전해 주신 메시지를 소중하게 여겼다(『신학대전』을 집필할 때 꿈을 통해 베드로와 바울이 나타나서 이렇게 쓰라고 일러 주더라고 고백하였다). 그의 책들은 교리와 논리를 따라 하나님을 이성적인 방법으로 찾아갈 것을 권하고 있다. 하지만 그가 자신의 삶 속에서 실제로 내린 결정들을 보면 하나님과의 관계를 보다 깊고 풍요롭게 해주는 꿈과 환상을 더없이 귀중하게 여겼음을 알 수 있다. 책에 무엇이라고 썼던 간에 그는 개인적으로 꿈과 환상이 전해 준 메시지에 충실했던 것이 틀림없다. 그러나 아쉬운 점은 사람들이 그의 책들을 통해서 교훈을 얻은 것이지 그의 삶을 통해서 얻은 것이 아니라는 것이다.

[제롬], [그레고리 교황], [아퀴나스] 등에 의해 버림받은 유대, 기독교의 꿈 해석 전통이 제자리를 찾기까지는 수 세기가 걸렸다. 다행한 것은 우리가 꿈과 꿈 해석을 통해서 하나님과 더 친밀한 관계를 가짐으로써 완전한 성화로 한 걸음 더 나아가는 기술들을 하나씩 다시 개발하고 있다는 것이다.

초대교회의 꿈 해석 전통에 처음 관심을 보인 학자는 [융]이다.

첫째: 그는 꿈을 매우 의미 있고 실용적인 가치가 있는 것으로 여겼다. 꿈은 우리가 의식하지 못하는 자신의 내부에서 어떤 일이 일어나고 있는가를 알려주는 열쇠라는 것이다.

둘째: 심리학, 영적인 에너지와도 관계가 있다고 생각했

다. 그리고 꿈의 형상이 이러한 에너지를 전달하는 통로로서 종교적인 문헌, 설화, 신화 등과도 깊은 관련이 있는 것으로 보았다.

셋째: 그는 꿈에 나타나는 생각과 표현이 모두 비합리적인 영상 언어를 통하여 이루어진다고 보았다. 생각이 다양한 상징과 은유로 이루어진 상징 언어를 통하여 비합리적으로 나타난다고 보았다.

[융]이 고안해 낸 꿈 해석 방법과 원리들은 기독교 꿈 해석 전통을 더욱 풍요롭게 하고 있다. 그는 우리의 꿈이 자신의 삶과 경험에 기초하고 있으며 자신의 꿈을 가장 잘 해석할 수 있는 사람은 자기 자신이라는 사실을 강조하는 데 있어서 초대교회들과 조금도 다르지 않다는 것이다.

역사적으로 볼 때 구약시대에 꿈은 하나님과의 직접 교통을 나누는 수단의 하나로서 꿈은 환상과 똑같은 권위를 지니고 있었다. 그리고 신약시대에도 꿈은 하나님을 만나 대화하는 중요한 통로로 여겼다. 신약 중에서도 특히 사도행전을 보면 하나님은 이제 막 움이 터서 자라나기 시작하는 교회를 꿈과 환상을 통하여 이끌어 왔던 것을 알 수 있다. 그리고 처음 몇 세기 동안은 평신도들뿐 아니라 유수한 초대교회 교부들도 꿈으로부터 하나님의 뜻과 인도를 받는 유대-기독교 전통을 소중하게 지키고 간직해 왔다. 그러나 5세기 무렵에 [제롬]이 성경을 오역하므로 기독교 꿈 해석 전통은 실추되었지만 20세기에 들어선 후에야 비로소 서서히 회복되어 가고 있다. 꿈에 대한 일반

사람들의 관심이 높아짐에 따라 교회도 잠잠히 있을 수 없었기 때문이다.

영적인 관점에서 보면, 꿈 해석은 하나님과 깊고 풍요로운 관계를 맺는 통로임이 분명하다. 그러나 심리학적인 관점에서 보면, 꿈은 또한 자기 자신을 발견하고 이해하는 가장 효과적인 수단이기도 하다. 꿈은 우리에게 해답을 주기보다는 질문을 던진다. 꿈은 가능한 모든 대안을 제시하지만, 선택은 우리 자신에게 맡긴다. 꿈은 던지는 질문들은 우리가 해결해야 할 문제들을 보여 주고 이 문제들을 해결하기 위해 실천해야 할 과제들을 깨닫게 해 주며, 실생활에서 이 과제들을 실천하기 위한 에너지를 꿈으로부터 끌어내도록 도와주며 이끌어 가기도 한다. 꿈 해석 기술들은 꿈의 상징 언어를 이해하도록 도와줌으로써 성격적인 결함이나 인간관계에서 입은 상처를 치유할 수 있게 해 준다. 꿈은 또 자아를 건강하게 성장하도록 도와주고, 자아로 하여금 무의식이나 영과 긴밀하게 협조하여 보다 건강한 선택을 내릴 수 있도록 능력을 키워 준다.

우리는 육체를 지니고 있는 육적인 존재일 뿐 아니라 영적인 존재이기도 하다. 영적인 존재라는 것이 하나님의 나라에 들어간 완전한 삶을 말하는 것이다. 하나님은 외부 세계만 통치하시는 것이 아니라 꿈, 무의식, 지혜, 영감 등으로 이루어져 있는 우리의 내부 세계도 이끌어 가신다. 그리고 하나님은 그중에서도 특히 꿈을 통하여 우리의 영을 끊임없이 돌보고 가꾸신다.

꿈은 또한 공동체 전체를 위한 하나님의 메시지도 전달한다. 따라서 꿈을 꾸준히 해석하다 보면 개인적으로 성숙해질 뿐 아니라 공동체 전체도 크게 성장할 수 있다.

꿈과 꿈 해석은 자기중심적인 삶의 목표를 포기하고 하나님으로부터 부여받은 궁극적인 목적에 비추어 살아갈 수 있도록 도와준다. 따라서 꿈을 꾸준하고 성실하게 해석하는 사람들이 늘어 가면 늘어갈수록 이 지구는 서로 조화를 이루어 보다 평화롭게 살아가는 하나님 나라로 변화되어 갈 것이다.

5) 그리스도인의 관점에서의 꿈

그리스도인의 관점에서 꿈을 심리학적인 면과 영적인 면에서 다루어 볼 수 있다.

(1) 심리학적 면이다.

첫째: 많은 사람이 꿈을 자신의 문제에 대한 해답으로 여기는 경향이 있으나, 꿈을 우리에게 던지는 질문으로 받아들인다면 실제로 훨씬 더 많은 도움을 얻을 수 있다. 따라서 꿈이 우리에게 무엇을 하라고 명령하는가?를 찾기보다는 꿈을 통해 우리가 어떤 문제에 관심을 가져야 할지 알아내려고 노력해야 할 것이다.

둘째: 많은 사람이 꿈속에서 이해하기 힘들고 모호한

어떤 의미가 숨겨져 있다고 보고 있으나 꿈을 해석하다 보면 꿈의 언어들이 상징적이기는 하지만 분명한 의미를 지니고 있음을 알게 된다.

셋째: 사람들은 꿈을 해독해 내야 할 신비한 암호로 여기는 경향이 있지만, 병든 관계를 잡거나 새로운 관계를 맺으라고 부르는 초대로 본다면 훨씬 커다란 도움을 얻을 수 있다. 따라서 꿈은 우리의 삶과 운명을 주관하시는 분이 우리를 불러서 지혜와 통찰을 주시고 이 지혜를 행동으로 옮겨 자기와의 관계를 잡으라는 권고로 보는 것이 더 바람직하다.

넷째: 어떤 사람들은 꿈을 쓸모없는 것으로 생각하지만, 우리 삶에 활기를 불어넣어 주는 소중한 선물로 여길 때 우리는 뜻밖의 커다란 도움을 얻을 수 있다. 적절한 기술을 사용하여 꿈을 해석하게 되면 우리를 치유하시고 위로하시고 인도하실 뿐 아니라 잘못된 관계를 바로잡도록 경고하시는 하나님의 뜻을 깨달을 수 있다. 꿈은 자신의 삶을 이제까지와는 다른 새로운 시각을 가지고 보다 풍요롭고 활기차게 살아가도록 자극한다.

다섯째: 꿈은 개인뿐 아니라 신앙 공동체 전체에게 주어진 소중한 선물임을 항상 느껴야 한다. 꿈은 꿈을 꾼 당사자는 물론 주위 사람들에게도 의미와 통찰과 활력을 불어넣어 준다. 자기 자신의 개인적인 완전이나 성화만을 고집한다면 우리가 공동체를 위해 봉사하도록 성장해 가는 존재라는 사실을 잊어버리게 될 것이다. 그러므로 우리

는 개인의 단순한 자아실현을 넘어서서 공동체 전체의 성장을 추구해야 할 것이다.

또한 꿈을 통해서 신앙 공동체인 교회의 혼란과 성장의 주인공을 가려내고 선정도 하여 적재적소에 일꾼을 세우는 직관과 판단력을 갖게 한다.

(2) 영적인 면이다.

꿈은 인간의 자아, 지능, 상상력 또는 자기 이해보다 훨씬 심오한 근원으로부터 오는 것이다.

꿈을 꾸는 "나"이지만 나 혼자 꿈을 만들어 내는 것은 아니다.

꿈은 하나님이 우리에게 잘 사용하라고 주신 선물이다. 따라서 우리가 해야 할 일은 꿈을 받아들일 준비를 하고 주어진 꿈을 소중하게 맞아들인 후 이 꿈을 어떻게 사용할 것인지 살펴보는 것이다. 그리고 이러한 작업을 보다 조직적이고 의도적으로 이루어 나가는 것이 바로 꿈 해석이다.

꿈 해석은 자아가 의식적인 결단을 내림으로써 시작되지만, 자아 혼자서 꿈 해석을 이끌어 가는 것은 아니다. 꿈 해석은 단순히 지능 작용이 아니다. 또 자아가 의식적으로 몇몇 기술을 사용한다고 해서 꿈 해석이 이루어지는 것은 아니다. 꿈 해석은 하나님과 "일대 일로" 만나는 시간이다. 다시 말해 꿈 해석 기술을 사용하는 동안 자아는 꿈을 주신 하나님과 만나 질문과 반응으로써 자신의 운명을 보다 분명히 이해하게 해 주는 실마리를 꿈으로부터 얻어내려고 노력한다.

예를 들어 구약의 다니엘의 꿈이 하나님으로부터 올 뿐 아니라 꿈에서 깊은 교통을 나누는 가운데 꿈의 의미를 깨달았던 것은 바로 이 때문이다.

꿈을 영적으로 다루면서 꿈은 하나님과 만나서 질문과 반응을 주고받는 가운데 꿈을 해석하는 영적인 방법은 단순히 심리학적인 시각에서 살펴보는 것보다 훨씬 깊은 의미를 우리에게 알려준다. 물론 꿈이 우리의 성격에 관해 많은 것을 알려준다는 사실을 부인할 수 없다. 왜냐하면 꿈은 우리의 행동, 성향, 태도, 새로운 잠재력, 과거의 경험, 갈등, 성격 발달 등을 반영하고 있기 때문이다. 꿈은 정신적으로 완전하게 성장하고 싶은 우리의 욕구를 나타내고 있다.

그러나 꿈은 우리 자신과 비교할 수 없을 정도로 훨씬 심오한 근원으로부터 오기 때문에 영적인 관점에서 보지 않으면 꿈을 올바로 해석할 수 없는 것이 당연하다. 꿈을 해석하다 보면 우리를 완전과 성화로 이끌어 가는 신비한 에너지를 느낀다. 그리고 이 신비한 에너지의 주인이 바로 하나님임을 우리는 알고 있다. 우리를 완전과 성화로 이끌어 가는 이 에너지는 하나님의 것이고 하나님으로부터 왔으며 우리 자신과 공동체를 위해 하나님이 주신 선물이다. 그리고 이러한 사실을 바탕으로 꿈 해석을 한다면, 곧 그

것이 영적인 관점에서 꿈 해석하는 것이다.

꿈은 영적인 삶을 그대로 반영하고 있다. 우리들의 영적인 삶이 모두 독특하듯 우리의 꿈도 서로 많이 다르다. 영적인 삶은 한 곳에 머물러 있지 않고 끊임없이 앞으로 나아간다. 꿈은 하나님과 깊고 풍요로운 관계를 맺는 통로이다.

6) 기도 중에 하나님의 현현(顯現)

기도라는 것은 무엇을 구하는 것만이 아닌 그 이상의 것이다. 하나님과 더불어 이야기함으로써 하나님과 교제하는 것, 즉 하나님과 결합하는 것이다. 우리들은 타인과 대화함으로써 그들을 알게 된다. 하나님도 이와 마찬가지 방법으로 알게 된다. 무릎으로 사는 그리스도인들은 항상 하나님을 발견하고 또 하나님께 발견된다. 하늘에서 비친 후에 바울은 예루살렘 성전에서 기도하는 가운데 비몽사몽간에 예수를 보았다고 말하고 있다. "내가…보매 주께서…(행 22:18). 그때 그리스도께서는 그에게 이방인을 위한 위대한 사명을 부여하신 것이다.

환상은 언제나 소명과 모험의 전조인 것이다. 그것은 이사야에게도 그러했다. "내가 본즉 주께서 높이 들린 보좌에 앉으셨는데 그 옷자락은 성전에 가득하였고"(사 6:1). 이사야 선지자는 이 사건이 일어날 때 분명히 성소에서 기도하고 있었다. 이 환상도 역시 사역을 위해 가라는 소명에 대한 서막인 것이었다. 우리는 기도 없이는 하나님의 환상을 볼 수 없다. 그리고 환상이 없는 곳에서는 영혼은 죽어간다.

하나님의 환상은 기도하는 가운데 하나님의 나타나심의 실재인 것이다.

하나님의 사람 [호레이스 부르넬]은 그가 기도할 때 그의 친구가 그와 함께 있었다. 그 친구에게 하나님의 놀라운 다가오심의 느낌이 밀려왔다. 그는 [호레이스 부르넬]이 그의 양손에 얼굴을 파묻고 기도할 때 '내 손이 하나님에게 닿을까 두려워서 어둠 속에 손을 뻗을 수가 없었다'라고 말했다. 시편 기자가 "나의 영혼아 잠잠히 하나님만 바라라"고 했을 때 이런 의식을 하지 않았겠는가?

모세가 기도하면서 "원컨대 주의 영광의 국면을 보았을 뿐만 아니라 그 영광에 참여한바 되어 그 자신의 얼굴에 광채가 발하였다(출 33:18, 34:29). 우리도 예수 그리스도의 얼굴에 있는 하나님의 영광을 응시할 때 신들도 그 영광의 광채에 참여하게 될 것이다.

이것이 기도이며 지고한 기도의 결과인 것이다. 하나님께서 우리 안에서 영광을 받으실 수 있는 다른 비결은 없다(사 60:21).

"또 다른 천사가 와서 제단 곁에 서서 금향로를 가지고 많은 향을 받았으니 이는 모든 성도의 기도들과 합하여 보좌 앞 금단에 드리고자 함이라 향연이 성도와 함께 천

사의 손으로부터 하나님 앞으로 올라가는지라"(계 8:3-4)

19세기 초에 뉴잉글랜드를 중심으로 일어난 2차 각성운동은 동부에서 서부로 확장되었다. 이때 주도한 인물은 [챨스 피니](1792-1875)였다. 그는 거의 종교를 모르는 법률가였는데 29세 되던 때에 예수를 믿기로 굳게 작정하고 그때부터 능력 있는 전도자로 활동하기 시작하였다. 그의 회심에 관한 기록은 매우 뚜렷하여 큰 흥미를 느끼게 하였다.

"나는 나의 전 심령을 다 쏟아 하나님 앞에 바치고 싶은 충동을 받았다. 나는 기도하기 위하여 빈방으로 갔다. 그 방에는 불이 켜 있지 않았는데 웬일인지 그 방은 빛으로 가득 차 있었다. 내가 들어가 문을 닫았을 때 아~ 나는 마치 주 예수 그리스도의 얼굴을 마주 대하는 것 같았다. 나는 그의 발 앞에 엎드려 나의 전 심령을 다 쏟아 놓았다. 나는 어린아이처럼 울기 시작했다. 마치 나의 눈물로 그의 발을 적시려는 것처럼…내가 다시 사무실에 돌아왔을 때 나는 강한 성령의 침례를 받았다. 성령이 임하자 몸 전체에 전기가 통하는 것 같았다. 그의 사랑과 기운이 내 몸과 마음에 휘몰아쳤다. 나는 기쁨과 사랑이 마음 가득 넘쳐서 울었다. 성령의 격동은 그칠 줄을 몰랐다. 드디어 나는 소리 질렀다. '나는 죽었어! 더 이상 참을 수가 없습니다. 그러나 나는 죽는 것이 두렵지가 않습니다'고 하였다."

솔로몬의 기도에서는 "여호와께서 전에 기브온에서 나

타나심 같이 다시 솔로몬에게 나타나사 저에게 이르시되 네가 내 앞에서 기도하여 간구함을 내가 들었은즉 내가 너의 건축한 이 전을 거룩하게 구별하여 나의 이름을 영영히 그곳에 두며 나의 눈과 나의 마음이 항상 거기 있으리니"(왕상 9:2-3).

엘리사의 기도에서는 "기도하여 가로되 여호와여 원컨대 저의 눈을 열어서 보게 하옵소서 하니 여호와께서 그 사환의 눈을 여시매 저가 보니 불말과 불병기가 산에 가득하여 엘리사를 둘렀더라 아람 사람이 엘리사에게 내려오매 엘리사가 여호와께 기도하여 가로되 원컨대 저 무리의 눈을 어둡게 하신지라 엘리사가 저희에게 이르되 이는 그 길이 아니요 이는 그 성도 아니니 나를 따라 오라 내가 너희를 인도하여 너희의 찾는 사람에게로 나아가리라 하고 저희를 인도하여 사마리아에 이르니 사마리아에 들어갈 때에 엘리사가 가로되 여호와여 이 무리의 눈을 열어서 보게 하옵소서 하니 여호와께서 저희의 눈을 여시매 저희가 보니 자기가 사마리아 가운데 있더라"(왕하 6:17-20).

다니엘의 기도에서는 "곧 내가 말하여 기도할 때에 이전 이상 중에 본 그 사람 가브리엘이 빨리 날아서 저녁 제사를 드릴 때 즈음에 내게 이르더니 내게 가르치며 내게 말하여 가로되 다니엘아 내가 이제 네게 지혜와 총명을 주려고 나왔나니 곧 네가 기도를 시작할 즈음에 명령이 내렸으므로 이제 네게 고하러 왔느니라 너는 크게 은총을 입은 자라 그런즉 너는 이 일을 생각하고 그 이상을 깨달을지니라"(단 9:21-23).

그러므로 기도는 하나님께서 계신 곳으로 들어가고 그의 현존을 체험할 뿐 아니라, 지극히 높은 비밀한 곳에 들어가는 문은 항상 그곳을 갈망하며 기도하는 자에게 열려 있다.

"구하라 그리하면 너희에게 주실 것이요 찾으라 그리하면 찾아낼 것이요 문을 두드리라 그리하면 너희에게 열릴 것이니"(마 7:7)

7) 그리스도의 현현(顯現)을 체험한 사람들

(1) 막달라 마리아는 무덤에서 부활하신 예수님을 보았다(요 20:1-18).
(2) 12제자들이 부활하신 예수님을 보았다(요 20:19-29, 21:1-14).
(3) 500여 형제들은 부활하신 예수님을 보았다(고전 15:6).
(4) 바울은 다메섹 도상에서 부활하신 예수님을 만났다(행 9:1-9).
(5) 영국인 집안에서 태어난 아일랜드 선교사인 [패트릭]은 16세 때에 해적에게 납치되어 아일랜드로 끌려가 노예 생활을 했다. 그는 아일랜드에서 양치기 노예로 일했는데 어느 날 꿈에서 "네 양이 준비됐다"는 목소리를 듣고 바

다 건너 갈리아(프랑스 지역)로 도망친 그는 레랑의 한 수도원에서 수련을 받으며 사제가 됐다. 그 후 "아일랜드로 다시 돌아가 설교하라"는 환상을 경험했고 423년 아일랜드로 건너갔는데 이는 자신을 노예로 만든 켈트족을 위한 선교사로 간 것이다.

[패트릭]은 켈트족에게 예수를 소개하면서 태양을 관통하며 태양보다 더 큰 십자가 이미지(이 십자가가 가로축 보다 세로축이 더 길고 가운데 원이 있는 켈트 십자가이다)를 겹치게 함으로써 새롭고 강력한 종교를 전파했다. 성경 속 인물에 대해서도 그는 켈트인들의 성향을 고려해 무용담처럼 성경을 이야기를 들려주었다고 한다. 아일랜드 민담에 따르면 [패트릭]은 삼위일체를 설명하기 위해 잎이 3개인 토끼풀에 비유해 설명했다고 한다. 성부, 성자, 성령이 셋으로 하나인 것은 토끼풀이 3장의 잎으로 이루어졌지만 1개인 것과 동일하다고 설교한 것이다. 그는 원주민들이 거부감을 느끼지 않도록 아무것도 강요하지 않았고 경험을 바탕으로 생활 속에서 그들이 이교도 의식을 멈추도록 설득하며 선교 활동을 펼쳤다고 한다.

그 결과 아일랜드에 수도원이 설립되고 이곳들을 중심으로 고대의 학문이 전수됐다. 그로 인해 아일랜드는 당시 유럽을 휩쓸던 갖가지 침입과 약탈을 면할 수 있었으며 이곳 수도원들이야말로 고대 로마제국의 문명과 문화를 보전해 후대에 전수하는 중요한 역할을 담당하였다.

[팩트릭]은 461년 3월 17일 사망하지만 아일랜드의 사

도이자 성인으로 불리고 있다.

(6) 이탈리아 화가 [폼페이오 바토니](Pompeo Batoni, 1708-1787)가 그린 황홀경에 빠진 시에나의 성녀 [카타리나]는 로마 바로크 미술의 성인 도상(圖像)에서 영향을 받았다. 1375년에 [카타리나]가 피사의 성녀 [카타리나] 성당에서 기도하던 중 오상 성흔을 받았다. [카타리나]는 두 팔을 벌려 십자가에 매달린 예수님으로부터 오상을 받고 있을 때 예수님의 상처로부터 쏟아지는 빛줄기는 성녀의 손과 가슴, 발에 각각 이어진다. 성녀의 양손에는 쏟아지는 작은 성흔이 새겨져 있다. 거룩한 빛에 성녀는 몸을 혼자 가눌 수 없었고, 하늘에서 내려온 두 명의 천사가 그녀를 지탱하고 있다. 성녀 아래 작은 아기 천사는 시에나의 젊은 여인의 순결함을 상징하는 백합을 들고 있다. 왼쪽에 서 있는 천사는 손에 가시관을 든 채 우리를 성녀의 드라마틱한 순간으로 초대하고 있다. 가시관은 성녀의 것으로 그리스도의 삶을 온전히 따르는 [카타리나]를 의미한다.

(7) 미국 선교단체인 [글로벌 크리스천 릴리프]는 최근 꿈과 환상을 통해 기독교로 개종한 무슬림들이 늘고 있다고 했다.

무슬림인 [알리]는 필리핀 남부 지방에서 살고 있는데, 어느 날 꿈에서 하나님을 만났다고 한다. 하나님은 그에게 밝은 빛을 보여 주며 낯선 교회에 가라고 지시했다고 한다. 꿈에서 깨어난 알리는 낯선 교회가 있는 건물을 찾았다.

알리는 그 교회에서 만난 청년 지도자로부터 복음을 들었다. 지도자 역시 이슬람교에서 기독교로 개종한 사람이었다. 그 뒤 알리는 가족뿐 아니라 주변 사람들에게 그가 만난 예수를 전하고 있다고 한다.

알리의 이야기처럼 꿈과 환상을 통해 기독교로 개종하는 무슬림들이 증가한다는 주장이 제기되었다.

또한 서부 아프리카 출신의 한 무슬림 배경을 가진 그리스도인은 무슬림들이 지옥에 있는 것을 보았고, 그리고 자선 기부금을 한 푼도 내지 않은 한 가난한 그리스도인은 천국에 있는 꿈을 꾸었는데 이들의 중요한 다른 점은 자선 단체 기부금이 아니라 예수님을 믿는 믿음이라는 소리를 들었다고 말했다.

아울러 필리핀의 가장 무슬림 그룹인 따우숙(Tau Sug) 종족 속에서 사역하던 한 선교사는 몇 명의 신실한 무슬림들이 라마단 후 꿈속에서 예수님을 보았다고 전했다. 한 사람은 예수님이 큰 용을 결투에서 물리치시는 꿈을 꾼 후 자신이 꾼 꿈을 믿지 않았으나 다음날 같은 꿈을 다시 꾼 후 복음을 향해 마음의 문을 열었다.

미국 선교단체인 글로벌 크리스천 릴리프(GCR)는 최근 "하나님이 지금 무슬림들에게 다가가는 기적적 방법"이라는 제목의 글을 게재했다. GCR은 국제오픈도어선교회의 새로운 이름이다

GCR은 선교학의 대가로 꼽히는 [데이비드 개리슨] 선교사의 무슬림 연구를 인용하며 "꿈과 환상을 통해 개종하는

무슬림이 많으며 전체 개종자의 25%에 달한다"고 설명했다. [개리슨] 선교사는 미국 남침례교 국제선교위원회에 소속돼 25년간 홍콩, 독일 등에서 선교 활동을 했다고 한다.

[개리슨] 선교사는 무슬림 개종이 '운동' 차원에서 발생하고 있으며 여기서 운동이란 특징 공동체에서 1,000명 이상의 무슬림이 세례받고 자발적으로 신앙생활을 하는 형태로 정의했다. 그는 해당 글에서 "역사적으로 유례없는 무슬림 개종 운동이 우리 시대에 일어나고 있다. 특히 지난 20년 동안 70개 운동이 번성했다"고 했다.

무슬림 개종 운동에 꿈과 환상이 많은 이유는 무엇 때문일까? GCR은 많은 무슬림이 꿈의 계시적 특성에 대해 개방적이기 때문이라고 분석했다. 앗쌀람선교회 관계자는 11일 "이슬람 경전인 코란에는 예수님의 아랍어인 '이사'에 대한 언급이 많다. 무슬림은 예수님을 하나님의 아들로 인정하진 않지만 존경하는 선지자로 여긴다며 이런 이유로 꿈에서 예수님을 만나면 거부감이 없고 이를 계기로 개종할 가능성이 크다"고 설명했다.

(8) 예수의 삶과 가장 닮았다고 해서 제2의 예수라고 불리는 [프란체스코] 수도회를 창설한 [프란체스코]는 젊은 시절을 방탕하게 보냈다. 1202년에 아시시와 인근 페루자와 전투에 참여한 그는 1년간 포로 생활을 했다. 3년 뒤에는 꿈에 그리던 십자가 원정대에도 참여했다. 그러나 원정군을 따라가는 도중 그는 "그리스도의 목소리"를 듣는다. "너의 고향으로 돌아가라. 거기에서 네가 할 일을 가르쳐

주겠다"는 음성을 듣는다. 십자군 원정에서 돌아온 그는 마음을 고쳐먹었다. 예수의 삶을 따르기로 했다. 그는 집안의 재물을 가난한 사람들에게 나눠주기 시작했다. 자신의 옷과 모자도 걸인들에게 벗어주었다. 화가 난 아버지가 그를 법원과 교회에 고소하자 그는 군중 앞에서 입고 있던 모든 옷을 아버지에게 건네며 "이제부터 하늘에 계신 유일한 아버지 한 분만을 섬길 것"이라며 가족과 결별했다.

[프란체스코]는 맨발에 누더기를 걸친 채 한센병 환자, 거지 등 세상에서 가장 낮은 사람들을 찾아다니며 예수의 사랑을 전했다. 식사는 탁발로 해결했다. "너희가 거저 받았으니 거저 주어라 너희 지갑에 금이나 은이나 동을 가지고 다니지 말고 여행을 위하여 주머니나 여벌 옷, 신발, 지팡이도 가지지 말라"(마 10:8-10).

[프란체스코]가 예수의 목소리를 듣고 처음으로 부서진 성당을 수리했다는 포르치운쿨라 성당은 크기가 4x7m의 작은 예배당 수준이지만 작은형제회가 태동한 탯자리이다. 그가 선종한 곳이기도 하다.

(9) 로마제국이 기독교를 공식으로 합법화시켰던 [콘스탄틴]이 그의 적수인 막켄티우스를 물리친 싸움을 밀비안교(Milvian Bridge) 대전이라고 하는데, 이 싸움과 함께 전해오는 이야기가 있다.

이 싸움은 312년 10월 28일에 있었다. 싸움이 있기 전날 밤에 그는 꿈을 꾸었다고 한다. 그 꿈속에서 그리스도라는 헬라어 글자 첫 두 글자를 보게 되었다. "이것으로 너는 정복하라"고 하는 음성을 들었다고 한다. 그는 자기의 군대에서 십자가를 그리고 군인들에게는 승리의 표로 그들의 방패에 그리스도(모노그램 Px)를 새기도록 했다. 그러므로 이 싸움에서 승리하였다고 한다.

(10) [케네스 E 해건] 목사님은 아기 때부터 병약해서 불치인 혈액병으로 생존이 기대할 수 없어 15살까지 병상에서 누워 있었다.

   그러던 그가 극적인 회심을 하는 중에 세 번이나 죽어서 지옥에 간 무서운 경험을 하고, 예수님이 환상 가운데 나타나는 황홀경을 8번이나 체험하면서, 성령의 기름부음이 임하였다는 것이다. 그는 "마치 나의 두 귀가 나의 얼굴에 붙어 있는 것을 의식하듯이 지금의 나는 나의 내부에서 기름부음을 받았음을 분명히 의식하고 있다. 거듭나기 전에는 성령께서 많은 것을 내게 가르쳐 주시려고 해도 나의 머리가 그 가르침을 따르려 하지 않았다. 나는 성령의 말씀에 귀를 기울일 줄 몰랐다. 그러나 내가 하나님의 말씀에 사로잡히게 된 것은 15~16세 때 환자로서 병상에 누워 있을 때였다. 그때 하나님의 영은 나에게 성령의 치유에 관해 가르쳐 주셨다. 내 안의 무엇인가가 말했다. '모든 것이 책 안에 있단다. 그 책을 받아들여라. 성경이 바로 그 책이다. 모든 것이 말씀 속에 있단다.' 정말 감사한 것은 나는 성경 말씀에 사로잡히고 말았다. 하나님께서 나에게 가르침을 주셨다. 나는 세상 선생님을 갖지 못했다. 하지만 성경 말씀은 이해하기 어려웠다. 선생님이 계시다면 영적인 것을 배우기가 훨씬 더 쉬울 것이다. 왜냐하면 우리는 그 선생님을 쳐다보고 강의를 들을 수 있기 때문이다. 그러면 우리 안에 거하시는 성령께서 그 선생님이 말씀을 옳게 가르치는지 아닌지를 알게 해 주실 것이다. 감사하게도 하나님께서는 나에게 가르침을 주셨다. 나는 하나님의 말씀에 귀를 기울였고, 하나님께서는 나를 바로 말씀 가운데로 인도하시어 믿음 안에 거하게 하셨고, 그러고는 나를 곧바로 치유해 주셨다. 병이 다 낫고 난 뒤에 내가 깨달은 것은 내 안에 있는 무엇이 나에게 말하려고 했던 그 말씀을 진작 들었더라면 나는 병상에서 훨씬 일찍 일어날 수 있었다는 것이다. 나는 16개월 동안 환자로서 병상에 누워 지내다가 자유함을 받았다. 하나님께서 내게 처음 말씀을 보여 주셨을 때 나는 그 말씀대로 행하였다. 내 주위에 성령 치료를 믿고 있는 사람이 없었으므로 나를 위해 기도해 줄 사람도 없었다. 그러나 감사하게도 나는 나의 영의 소리에 귀를 기울일 줄 알았던 것이다."

하나님께서는 역사의 도전과 생의 무거운 짐을 지고서 고통 하는 그의 자녀들에게 여러 가지 방법으로 위로하시고 그들의 간구에 대답하신다. 하나님의 응답은 신비한 것이므로 신앙인의 삶 속엔 표현할 수 없는 신비로운 사건과 현상들이 일어난다.

(11) 월남 [이상재]가 1903년 국체 개혁 음모 죄목으로 한성 감옥에 갇혀 있을 때 선교사들이 성경과 기독교 서적

을 넣어 주었는데 이를 탐독한 그는 53세에 심령의 변화가 일어나 예수를 영접했다고 한다.

그런데 그는 자신의 생애에 아주 낯선 체험을 했다고도 하였다. 그가 주미공사 하급 관리로 워싱턴에 갔을 때와 독립협회에 있을 때라고 한다. 그는 "위대한 왕의 사자가 기회를 주었지만 거절했고 그래서 옥에 가두어 신앙의 기회를 다시 한번 준 것"이라고 했다. "회개하지 않으면 그 죄는 이전보다 더욱 클 것"이라는 주의 사자 음성에 회심했음을 간증했다.

1929년 [게일] 선교사는 "미셔너리 리뷰 오브 더 월드"에 쓴 감옥에 재수감 후에 경험한 [이상재]의 영적 체험담을 기록하였다. "내가 책을 읽고 있는데 예수께서 내 앞에 서셨다. 거룩하고 위대한 구세주였다. 나는 지금까지 완전히 그를 잘못 알고 있었다. 그는 바로 하나님이셨다."

(12) 1907년 평양 대부흥 운동 주도자인 [김선주] 목사는 1906년 새벽기도회를 창설한 사람이기도 하다. 그는 원래 기이한 꿈을 꾸고 나서 대동강변에서 창일거사를 만나 차력술을 익힌 후 여러 유명한 도사를 찾아 배우는 동시에 유사종교를 통한 동양의 전래 수도에 전념하였다. 함께 선술을 배우던 친구 [김종성]이 [마포삼열] 목사를 통해 개종한 후 자주 그를 찾아와 복음을 전하였다. 한번은 [김종성]이 간곡한 부탁과 함께 천로역정을 주고 갔다. 이에 [김선주]는 예수교가 참다운 종교인지 알게 하여 달라고 여러 날 동안 자기의 삼령신군에게 기도하였는데 날이 갈

수록 회의에 빠지고 마침내 중병에 들게 되었다. 친구의 말에 따라 "예수가 참 구주인지 알게 하여 주시옵소서" 하고 삼 일 동안 기도하던 중 깊은 밤중에 맑은 음성이 들리더니 곧이어 요란한 소리가 나면서 자기의 이름을 부르는 소리가 들렸다. [길선주]는 너무도 두려워 감히 고개도 들지 못하고 "나를 사랑하시는 나의 하나님 아버지시여 나의 죄를 사하여 주시고 나를 살려 주옵소서" 하고 외쳤다. 그는 불덩이처럼 뜨겁게 달아올라 밤이 새도록 울며 눈물로 기도를 드렸는데, 자기도 모르는 사이에 기쁨이 충만해지고 마음속 깊은 곳에서 진정한 감사가 솟아오르기 시작하였다고 하였다.

(13) 여의도 순복음교회를 개척해서 세계 최대의 단일교회를 이룬 [조용기] 목사는 [켄 타이스] 미국 선교사를 따라다니며 그의 설교를 통역하면서, 말씀을 이해하게 되고 신유 체험에 대한 간절한 소망도 생기게 되었다고 한다. 그래서 간절히 기도를 시작하게 됐다. "하나님 정말 당신이 살아 계신다면 제가 예수를 믿어야 하는지 아닌지를 깨달을 수 있도록 확실한 증거를 보여 주십시오. 오늘밤이라도 주님이 저에게 현현해 주신다면 진정으로 주님을 섬기며 일생을 바치겠습니다." 그렇게 기도하기 시작한 지 사흘이 되던 날 새벽 2시경 인기척에 잠을 깬 그는 흰옷을 입은 사람의 형체를 보게 되는데 처음에는 아버지인 줄로 착각했다고 한다. 하지만 자세히 들여다보고 아버지가 아닌 선교사가 말한 그 예수님임을 확인한 그는 깜짝 놀랐다. 예

수님이 자신에게 손을 얹으시고 "병을 고쳐줄 테니 평생 내 종이 되겠느냐"라는 질문에 "네, 저를 치료해 주신다면 평생 하나님을 위해 일하겠습니다"라고 그는 고백했다. 일순간의 체험이었지만 살아 계신 예수님을 만남으로 인해 구원의 확신을 얻고 폐병에서 자유함을 얻은 그는 목회자의 길로 들어서게 되었다고 한다.

(14) 초대 제주도 전도자인 [이기풍] 목사는 평양 시내에서 전도 활동을 하고 있던 선교사의 머리에 돌을 던졌다. 그날 밤에 꿈속에서 십자가에 달리시고 부활하신 예수 그리스도가 이마에 피를 흘린 상태로 그에게 나타났다. 그 후 원산에서 [스왈렌] 선교사의 전도를 받았고, 결국 그는 평양에 돌아와서 [마펫]을 통해 회개하고, 예수를 믿기로 작정하였다. 이것은 [이기풍]만이 아니다. 청일전쟁 이후 평양은 기독교 선교의 중심지로 발전하였다.

그 뒤 [이기풍]은 전도자로 나서게 되었고,[마펫] 선교사와 함께 함경도 전도에 나서기도 하였다. 그러나 1903년부터 [이기풍]은 평양신학교에 최연소 생으로 입학하여 [서경조], [길선주], [방기창], [한석진] 등과 함께 공부하였다. 그리고 1907년 졸업하고 목사안수를 받았다. 1907년은 한국장로교회에 두 가지 중요한 사건이 있었다. 하나는 1907년 대부흥 운동이요, 다른 하나는 장로교의 독로회의 조직이다. 대부흥 운동은 영적인 힘이요, 독로회는 외적인 조직적인 힘이다. 나라는 망해 가는데 하나님은 한국교회에 영적이며, 조직적인 정비를 허락하셨다. 그 결과 일제의 모진 박해를 이길 수 있었다.

이렇게 정비된 한국교회는 그 힘을 선교에 쏟았고, 그 첫 번째 대상이 바로 제주도였다. 하나님이 첫 번째 일꾼을 세우신 기념으로 제주선교를 시작한 것이다.

(15) [김대중] 대통령은 1972년 일본 동경에서 중앙정보부 요원들에 의해서 납치되었다. 그의 손발엔 50kg이나 되는 돌을 매달아 그를 태평양 속으로 내던져 수장하려고 했다. 그 위기에 [김대중]은 배 위에서 생명을 살려 주시길 천주님께 간원했다는 것이다. 그때에 흰옷 입으신 예수 그리스도가 묶인 [김대중]에게 나타났다. 그는 예수님의 흰옷을 붙잡고 구원해 달라고 절규했다는 것이다. 그러자 비행기가 나타나 [김대중]을 죽이지 못하도록 했다. 이 사실을 납치되어 그의 집에 돌아온 뒤 그는 각종 언론과 기자들의 인터뷰에서 증언했다{목양선교회 회지 5호}.

5장	부록

[꿈(현몽, 몽조)과 환상(이상)에 대한 성구]

• 꿈

{창세기}
(20:3) "그 밤에 하나님이 아비멜렉에게 현몽하시고 그에게 이르시되 네가 취한 이 여인을 인하여 네가 죽으리니 그가 남의 아내임이니라"
(20:6) "하나님이 꿈에 또 그에게 이르시되 네가 온전한 마음으로 이렇게 한 줄을 나도 알았으므로 너를 막아 내게 범죄하지 않게 하였으니 여인에게 가까이 못하게 함이 이 까닭이라"
(28:12) "꿈에 본즉 사닥다리가 왕 위에 섰는데 그 꼭대기가 하늘에 닿았고 또 본즉 하나님의 사자가 그 위에 오르락내리락 하고"
(31:10) "그 양떼가 새끼 밸 때에 내가 꿈에 눈을 들어 보

니 양떼를 탄 수양은 다 얼룩무늬 있는 것. 점 있는 것, 아롱진 것이더라"
(31:11) "꿈에 하나님의 사자가 내게 말씀하시기를 야곱아 하기로 내가 대답하기를 여기 있나이다"
(31:24) "밤에 하나님이 아람 사람 라반에게 현몽하여 가라사대 너는 삼가 야곱에게 선악간 말하지 말라 하셨더라"
(37:5) "요셉이 그들에게 이르되 청컨대 나의 꾼 꿈을 들으시오"
(37:8) "그 형들이 그에게 이르되 네가 참으로 우리의 왕이 되겠느냐 참으로 우리를 다스리게 되겠느냐 하고 그 꿈과 그 말을 인하여 그를 더욱 미워하더니"
(37:9) "요셉이 다시 꿈을 꾸고 그 형들에게 고하여 가로되 내가 또 꿈을 꾼즉 해와 달과 열한별이 내게 절하더이다 하니라"
(37:10) "그가 꿈으로 부형에게 고하매 아비가 그를 꾸짖고 그에게 이르되 너의 꾼 꿈이 무엇이냐 나와 네 모와 네 형제들이 참으로 가서 땅에 엎드려 네게 절하겠느냐"
(37:20) "자 그를 죽여 한 구덩이에 던지고 우리가 말하기를 악한 짐승이 그를 잡아먹었다 하자 그 꿈이 어떻게 되는 것을 우리가 볼 것이니라 하는지라"
(40:5) "옥에 갇힌 애굽 왕의 술 맡은 자의 떡 굽는 자 두 사람이 하룻밤에 꿈을 꾸니 각기 몽조가 다르더라"
(40:8) "그들이 그에게 이르되 우리가 꿈을 꾸었으니 이를 해석할 자가 없도다. 요셉이 그들에게 이르되 해석은 하나

님께 있지 아니하니이까 청컨대 내게 고하소서"
(40:9) "술 맡은 관원장이 그 꿈을 요셉에게 말하여 가로되 내가 꿈을 보니 내 앞에 포도나무가 있는데"
(40:16) "떡 굽는 관원장이 그 해석이 길함을 보고 요셉에게 이르되 나도 꿈에 보니 흰 떡 세 광주리가 내 머리에 있고"
(41:1) "만 이년 후에 바로가 꿈을 꾼즉 자기가 하수가에 섰는데"
(41:5) "다시 잠이 들어 꿈을 꾸니 한 줄기에 무성하고 충실한 일곱 이삭이 나오고"
(41:7) "그 세약한 일곱 이삭이 무성하고 충실한 일곱 이삭을 삼킨지라 바로가 깬즉 꿈이라"
(41:8) "아침에 그 마음이 번민하여 보내어 애굽의 술객과 박사를 모두 불러 그들에게 그 꿈을 고하였으나 그것을 바로에게 해석하는 자가 없었더라"
(41:11) "나와 그가 하룻밤에 꿈을 꾼즉 각기 징조가 있는 꿈이라"
(41:12) "그 곳에 시위대장의 종 된 히브리 소년이 우리와 함께 있기로 우리가 그에게 고하매 그가 우리의 꿈을 풀되 그 꿈대로 각인에게 해석하더니"
(41:15) "바로가 요셉에게 이르되 내가 한 꿈을 꾸었으나 그것을 해석하는 자가 없더니 들은즉 너는 꿈을 들으면 능히 푼다더라"
(41:17) "바로가 요셉에게 이르되 내가 꿈에 하수가에 서

서"

(41:22) "다시 꿈에 보니 한 줄기에 무성하고 충실한 일곱 이삭이 나오고"

(41:24) "그 세약한 이삭이 좋은 일곱 이삭을 삼키더라 내가 그 꿈을 술객에게 말하였으나 그것을 내게 보이는 자가 없느니라"

(41:25) "요셉이 바로에게 고하되 바로의 꿈은 하나이라 하나님이 그 하실 일을 바로에게 보이심이니다"

(41:26) "일곱 좋은 암소는 일곱 해요 일곱 좋은 이삭도 일곱 해니 그 꿈은 하나이다"

(41:32) "바로께서 꿈을 두 번 겹쳐 꾸신 것은 하나님이 이 일을 정하셨음이라 속히 행하시리니"

(42:9) "요셉이 그들에게 대하여 꾼 꿈을 생각하고 그들에게 이르되 너희는 정탐들이라 이 나라의 틈을 엿보려고 왔나이다"

{민수기}

(12:6) "이르시되 내 말을 들으라 너희 중에 선지자가 없으면 나 여호와가 이상으로 나를 그에게 알리기도 하고 꿈으로 그와 말하기도 하거니와"

{신명기}

(13:1) "너희 중에 선지자나 꿈 꾸는 자가 일어나서 이적과 기사를 네게 보이고"

(13:3) "너는 그 선지자나 꿈꾸는 자의 말을 청종하지 말라 이는 너희 하나님 여호와께서 너희가 마음을 다하고 성품을 너희 하나님 여호와를 사랑하는 여부를 알려 하사 너희를 시험하심이라"

(13:5) "그 선지자나 꿈꾸는 자는 죽이라 이는 그가 너희로 너희를 애굽 땅에서 인도하여 내시며 종 되었던 집에서 속량하여 취하신 너희 하나님 여호와를 배반케 하려하며 너희 하나님 여호와께서 네게 행하라 명하신 도에서 너를 꾀어내려고 말하였음이라 너는 이같이 하여 너희 중에서 악을 제할지니라"

{사사기}

(7:13) "기드온이 그 곳에 이른즉 어떤 사람이 그 동무에게 꿈을 말하여 이르기를 내가 한 꿈을 꾸었는데 꿈에 보리떡 한 덩어리가 미디안 진으로 굴러 들어와서 한 장막에 이르러 그것을 쳐서 무너뜨려 엎드려 뜨리니 곧 쓰러지더라"

(7:15) "기드온이 그 꿈과 해몽하는 말을 듣고 경배하고 이스라엘 진중에 돌아와서 이르되 일어나라 여호와께서 미디안 군대를 너희 손에 붙이셨느니라 하고"

{사무엘상}

(28:6) "사울이 여호와께서 묻자오되 여호와께서 꿈으로도 우림으로도 선지자로도 그에게 대답지 아니하시므로"

(28:15) "사무엘아 사울에게 이르되 네가 어찌하여 나를

불러 올려서 나로 분요케 하느냐 사울이 대답하되 나는 심히 군급하니이다 블레셋 사람은 나를 떠나서 다시는 선지자로도 꿈으로도 내게 대답지 아니하시기로 나의 행할 일을 배우려고 당신을 불러 올렸나이다"

{열왕기상}
(3:5) "기브온에서 밤에 여호와께서 솔로몬의 꿈에 나타나시니라 하나님이 이르시되 내가 네게 무엇을 줄꼬 너는 구하라"
(3:15) "솔로몬이 깨어보니 꿈이더라 이에 예루살렘에 이르러 여호와여 언약궤 앞에 서니 번제와 수은제를 드리고 모든 신복을 위하여 잔치하였더라"

{욥기}
(7:14) "주께서 꿈으로 나를 놀래시고 이상으로 나를 두렵게 하시나이다"
(20:8) "그는 꿈 같이 지나가니 다시 찾을 수 없을 것이요 밤에 보이던 환상처럼 쫓겨나니"
(33:15) "사람이 침상에서 졸며 깊이 잠들 때에나 꿈에나 밤의 이상 중에"

{시편}
(73:20) "주여 사람이 깬 후에는 꿈을 무시함 같이 주께서 깨신 후에 저희 형상을 멸시하시리이다"

(126:1) "여호와께서 시온의 포로를 돌이실 때에 우리가 꿈꾸는 것 같았도다"

{전도서}
(5:3) "일이 많으면 꿈이 생기고 말이 많으면 우매자의 소리가 나타나느니라"
(5:7) "꿈이 많으면 헛된 것이 많고 말이 많아도 그러하니 오직 너는 하나님을 경외할지니라"

{이사야}
(29:7) "아리엘을 치는 열방의 무리 곧 아리엘과 그 보장을 쳐서 곤고케 하는 모든 자는 꿈같이 밤의 환상같이 되리니"
(29:8) "주린 자가 꿈에 먹었을지라도 깨면 그 속은 여전히 비고 목마른 자가 꿈에 마셨을지라도 깨면 곤비하며 그 속에 갈증이 있는 것 같이 시온산을 치는 열방의 무리가 그와 같으니라"
(56:10) "그 파수꾼들은 소경이요 다 무지하며 벙어리 개라 능히 짖지 못하며 다 꿈꾸는 자요 누운 자요 잠자기를 좋아하는 자니"

{예레미야}
(27:9) "너희는 너희 선지자나 너희 복술이나 너희 꿈꾸는 자나 너희 술사나 너희 요술객이 너희에게 이르기를 너희

가 바벨론 왕을 섬기지 아니하리라 하여도 듣지 말라"
(29:8) "만군의 여호와 이스라엘의 하나님이 이같이 말하노라 너희 중 선지자들에게와 복술에게 후하지 말며 너희가 꾼 바 꿈도 신청하지 말라"

{다니엘}

(2:1) "느부갓네살이 위에 있은 지 이년에 꿈을 꾸는 그로 인하여 마음이 번민하여 잠을 이루지 못한지라"
(2:2) "왕이 그 꿈을 자기에게 고하게 하려고 명하여 박수와 술객과 점쟁이와 갈대아 술사를 부르매 그들이 들어와서 왕의 앞에 선지라"
(2:3) "왕이 그들에게 이르되 내가 꿈을 꾸고 그 꿈을 알고자 하여 마음이 번민하도다"
(2:4) "갈대아 술사들이 아람 방언으로 왕에게 말하되 왕이여 만세수를 하옵소서 왕은 그 꿈을 종들에게 이르시면 우리가 해석하여 드리겠나이다"
(2:5) "왕이 갈대아 술사에게 대답하여 가로되 내가 명령을 내렸나니 너희가 만일 꿈과 그 해석을 나로 알게 하지 아니하면 너희 몸을 쪼갤 것이며 너희 집으로 거름 터를 삼을 것이요"
(2:6) "너희가 만일 꿈과 해석을 보이면 너희가 선물과 상과 큰 영광을 내게서 얻으리라 그런즉 꿈과 그 해석을 내게 보이라"
(2:7) "그들이 다시 대답하여 가로되 청컨대 왕은 꿈을 종

들에게 이르소서 그리하시면 우리가 해석하여 드리겠나이다"

(2:9) "너희가 만일 이 꿈을 나로 알게 하지 아니하면 너희를 처치할 법이 오직 하나이니 이는 너희가 거짓말과 망령된 말을 내 앞에서 꾸며 말하여 때가 변하기를 기다리며 함이니라 이제 그 꿈을 내게 알게 하라 그리하면 너희가 그 해석도 보일 줄을 내가 알리라"

(2:36) "그 꿈이 이러한즉 내가 이제 그 해석을 왕 앞에 진술하리이다"

(2:44) "왕이 사람의 손으로 아니하고 산에서 뜨인 돌이 철과 놋과 진흙과 은과 금을 부숴 뜨린 것을 보신 것은 크신 하나님이 장래 일을 왕께 알게 하신 것이라 이 꿈이 참되고 이 해석이 확실하니이다"

(4:5) "한 꿈을 꾸고 그로 인하여 두려워하였으되 곧 내 침상에서 생각하는 것과 뇌 속으로 받은 이상을 인하여 번민하였었노라"

(4:6-9) "이러므로 내가 명을 내려 바벨론 모든 박사를 내 앞으로 불러다가 그 꿈의 해석을 내게 알게 하라 하매 박수와 술객과 갈대아 술사와 점쟁이가 들어왔기로 내가 그 꿈을 그들에게 고하였으나 그들이 그 해석을 내게 알게 하지 못하였느니라 그 후에 다니엘이 내 앞에 들어왔으니 그는 내 신의 이름을 좇아 벨드사살이라 이름한 자요 그의 안에는 거룩한 신들의 영이 있는 자라 내가 그에게 꿈을 고하여 가로되 박수장 벨드사살아 네 안에는 거룩한

신들의 영이 있은즉 아무 은밀한 것이라도 네게는 어려울 것이 없는 줄을 내가 아노라 내 꿈에 본 이상의 해석을 내게 고하라"

(4:18) "나 느부갓네살 왕이 이 꿈을 꾸었나니 너 벨드사살아 그 해석을 밝히 말하라 내 나라 모든 박사가 능히 그 해석을 내게 알게 하지 못하였으나 오직 너는 능히 하리니 이는 거룩한 신들의 영이 네 안에 있음이니라"

(4:19) "벨드사살이라 이름한 다니엘이 얼마동안 놀라 벙벙하며 마음이 번민하여 하는지라 왕이 그에게 말하여 이르기를 벨드사살아 너는 이 꿈과 그 해석을 인하여 번민할 것이 아니니라 벨드사살이 대답하여 가로되 내 주여 그 꿈은 왕을 미워하는 자에게 응하기를 원하여 그 해석은 왕의 대적에게 응하기를 원하나이다"

(5:12) "왕이 벨드사살이라 이름 한 이 다니엘의 마음이 민첩하고 지식과 총명이 있어 능히 꿈을 해석하며 은밀한 말을 밝히며 의문을 파할 수 있었음이라 이제 다니엘을 부르소서 그리하시면 그가 해석을 알려드리리이다"

(7:1) "바벨론 왕 벨사살 원년에 다니엘이 그 침상에서 꿈을 꾸며 뇌 속으로 이상을 받고 그 꿈을 기록하며 그 일의 대략을 진술하니라"

{요엘}

(2:28) "그 후에 내가 내 신을 만민에게 부어 주리니 너희 자녀들이 장래 일을 말할 것이며 나희 늙은이는 꿈을 꾸

며 너희 젊은이는 이상을 볼 것이며"

{스가랴}
(10:2) "대저 드라빔들은 허탄한 것을 말하며 복술자는 진실치 않은 것을 보고 거짓 꿈을 말한즉 그 위로함이 헛되므로 백성이 양 같이 유리하며 목자가 없으므로 곤고를 당하나니"

{마태복음}
(1:20) "이 일을 생각할 때에 주의 사자가 현몽하여 가로되 다윗의 자손 요셉아 네 아내 마리아 데려오기를 무서워 말라 저에게 잉태된 자가 성령으로 된 것이라"
(2:12) "꿈에 헤롯에게로 돌아가지 말라 지시하심을 받아 다른 길로 고국에 돌아가니라"
(2:13) "저희가 떠난 후에 주의 사자가 요셉에게 현몽하여 가로되 헤롯이 아기를 찾아 죽이려하나 일어나 아기와 그의 모친을 데리고 애굽으로 피하여 내가 네게 이르기까지 거기 있으라 하시니"
(2:19) "헤롯이 죽은 후에 주의 사자가 애굽에서 요셉에게 현몽하여 가로되"
(2:22) "그러나 아켈라오가 그 부친 헤롯을 이어 유대의 임금 됨을 듣고 거기로 가기를 무서워하더니 꿈에 지시하심을 받아 갈릴리 지방으로 떠나가"
(27:19) "총독이 재판장에 앉았을 때에 그 아내가 사람을

보내어 가로되 저 옳은 사람에 아무 상관도 하지 마옵소서 오늘 꿈에 내가 그 사람을 인하여 애를 썼나이다 하더라"

{사도행전}
(2:17) "하나님이 가라사대 말세에 내가 내 영으로 모든 육체에게 부어 주리니 너희의 자녀들은 예언할 것이요 너희의 젊은이들은 환상을 보고 너희의 늙은이들은 꿈을 꾸리라"

{유다서}
(1:8) "그러한데 꿈꾸는 이 사람들도 그와 같이 육체를 더럽히며 업신여기며 영광을 훼방하는도다"

• **환상**

{창세기}
(15:1) "이 후에 여호와의 말씀이 이상 중에 아브람에게 임하여 가라사대 아브람아 두려워 말라 너는 너의 방패요 너의 지극히 큰 상급이니라…"
(46:2) "그 밤에 하나님이 이상 중에 이스라엘에게 나타나시고 불러 가라사대 야곱아 야곱아 하시는지라 야곱이 이르되 내가 여기 있나이다"

{출애굽기}
모세의 환상: 불타는 가시떨기나무(1:2)와 하나님의 영광 (24:9-11)

{민수기}
(12:6) "이르시되 내 말을 들으라 너희 중에 선지자가 있으면 나 여호와가 이상으로 나를 그에게 알리기도 하고 꿈으로 그와 말하기도 하거니와"
(24:4) "하나님의 말씀을 듣는 자가 말하며 지극히 높으신 자의 지식을 아는 자 전능자의 이상을 보는 자가 엎드려서 말하기를"

{여호수아}
여호수아의 환상: 여호와의 군대장관(5:13-15)

{사무엘상}
(3:1) "아이 사무엘이 엘리 앞에서 여호와를 섬길 때에는 여호와의 말씀이 희귀하여 이상이 흔히 보이지 않았더라"
(3:15) "사무엘이 아침까지 누웠다가 여호와의 집문을 열었으나 그 이상을 엘리에게 알게 하기를 두려워하더니"

{사무엘하}
나단의 환상: 묵시로 다윗에게 고함(7:17)

{열왕기상}
마가야의 환상: 이스라엘의 패배, 주의 보좌, 거짓말하는 영(22:11)

{열왕기하}
엘리사의 환상: 엘리야의 승천(2:11)과 불말과 불병거(6:17)

{역대상}
다윗의 환상: 오르난의 타작마당(21:15-18)

{시편}
(89:19) "주께서 이상 중에 주의 성도에게 말씀하시기를 내가 돕는 힘을 능력 있는 자에게 더하며 백성 중에서 택한자를 높였으되"

{욥기}
(20:8) "그는 꿈 같이 지나가니 찾을 수 없을 것이요 밤에 보이던 환상처럼 쫓아가리니"

{이사야}
이사야의 환상:성전 안에서(6장)와 이상의 골짜기(22장)
(29:7) "아리엘을 치는 열방의 무리 곧 아리엘과 그 보장을 쳐서 곤고케 하는 모든 자는 꿈 같이 밤의 환상 같이

되리니"

{예레미야}
예레미야의 환상: 살구나무(1:11)와 끓는 가마(11:13)

{에스겔}
에스겔의 환상: 하나님의 영광(1:3, 12-14, 23) 두루마리 책(2:8-9), 불같은 형상의 사람(8, 9장), 숯불(10:1-7), 마른 뼈의 환상(37:1-14), 성과 성전(40-48장), 강의 환상(47:1-12).

(1:1) "제 삼십년 사월 오일에 내가 그발 강가 사로잡힌 자 중에 있더니 하늘이 열리며 하나님의 이상을 내게 보이시니"

(1:27) "내가 본즉 그 허리 이상의 모양은 단 쇠 같아서 그 속과 주위가 불 같고 그 허리 이하의 모양도 불 같아서 사면으로 광채가 나며"

(8:2-4) "내가 보니 불같은 형상이 있어 그 허리 이하 모양은 불같고 허리 이상은 광채가 나서 단 쇠 같은데 그가 손 같은 것을 펴서 내 머리털 한 모숨을 잡으며 주의 신이 나를 들어 천지 사이로 올리시고 하나님의 이상 가운데 나를 이끌어 예루살렘으로 가서 안뜰로 들어가는 북향한 문에 이르시니 거기는 투기의 우상 곧 투기를 격발케 하는 우상의 자리가 있는 곳이라 이스라엘 하나님의 영광이 거기 있는데 내가 들에서 보던 이상과 같더라"

(11:24) "주의 신이 나를 들어 하나님의 신이 이상 중에 데리고 갈대아에 있는 사로잡힌 자 중에 이르시더니 내가 보는 이상이 나를 떠난지라"
(22:28) "그 선지자들이 그들을 위하여 회를 칠하고 스스로 허탄한 이상을 보며 거짓 복술을 행하며 여호와가 말하지 아니하였어도 주 여호와의 말씀이라 하였으며"
(40:2) "하나님의 이상 중에 나를 데리고 그 땅에 이르러 나를 극히 높은 산 위에 내려놓으시는데 거기서 남으로 향하여 성읍 형상 같은 것이 있더라"
(43:3) "그 모양이 내가 본 이상 곧 전에 성읍을 멸하러 올 때에 보던 이상 같고 그 발 하숫가에서 보던 이상과 같기로 내가 곧 얼굴을 땅에 대고 엎드렸더니"

{다니엘}

다니엘의 환상: 네 짐승(7장), 옛적부터 항상 계신 이 (7:9-10), 수양과 수염소(8장), 천사(10장)
(1:17) "하나님이 이 네 소년에게 지식을 얻게 하시며 모든 학문과 재주에 명철하게 하신 외에 다니엘은 또 모든 환상과 꿈을 깨달아 알더라"
(2:19) "이에 이 은밀한 것이 밤에 환상으로 다니엘에게 나타나 보이매 다니엘이 하늘에 계신 하나님을 찬송하니라"
(2:28) "오직 은밀한 것을 나타내실 자는 하늘에 계신 하나님이시라 그가 느부갓네살 왕에게 후 일에 될 일을

알게 하셨나이다. 왕의 꿈 곧 왕이 침상에서 머리속으로 받은 환상은 이러하니라"

(4:5) "한 꿈을 꾸고 그로 인하여 두려워하였으며 곧 내 침상에서 생각하는 것과 머리 속으로 받은 환상을 인하여 번민하였었노라"

(4:9) "박수장 벨드사살아 내 안에는 거룩한 신들의 영이 있은즉 아무 은밀한 것이라도 네게는 어려울 것이 없는 줄을 내가 아노니 내 꿈을 본 환상의 해석을 내게 고하라"

(4:10) "내가 침상에서 나의 머리 속으로 받은 환상이 이러하니라 네가 본즉 땅의 중앙에 한 나무가 있는데 고가 높더니"

(4:13) "내가 침상에서 머리 속으로 받은 환상 가운데에 또 본즉 한 순찰자 한 거룩한 자가 하늘에서 내려 왔는데"

(7:1-2) "바벨론 왕 벨사살 원년에 다니엘이 그 침상에서 꿈을 꾸며 머리 속에서 환상을 받고 그 꿈을 기록하며 그 일의 대략을 진술하니라.다니엘이 진술하여 가로되 내가 밤에 환상으로 보았는데 하늘의 네 바람이 큰 바다로 몰려 불더니"

(7:7) "내가 밤 환상 가운데 그 다음에 본 넷째 짐승은 무섭고 놀라우며 또 극히 강하며 또 큰 철이 있어서 먹고 부숴뜨리고 그 나머지를 발로 밟았으며 이 짐승과 또 열 뿔이 있으므로"

(7:13) "내가 또 밤 환상 중에 보았는데 인자 같은 이가 하늘 구름을 타고 와서 옛적부터 항상 계신 자에게 나아와서 그 앞에 인도되매"

(7:15) "나 다니엘이 중심에 근심하며 내 머리 속에 환상이 나를 번민하게 한지라"

(8:1-2) "나 다니엘에게 처음에 나타난 환상 후 벨사살 왕 제삼년에 다시 환상이 나타나니라.내가 환상을 보았는데 내가 그것을 볼 때에 내 몸은 엘람 지방 수산 성에 있었고 내가 환상을 보기는 몰래 강변에서이니라"

(8:13) "내가 들은즉 한 거룩한 이가 말하더니 다른 거룩한 이가 그 말하는 이에게 묻되 환상에 나타난 바 매일 드리는 제사와 망하게 하는 죄악에 대한 일과 성소와 백성이 내준바 되며 짓밟힐 일이 어느 때까지 이를꼬 하매"

(8:15-17) "나 다니엘이 이 환상을 보고 그 뜻을 알고자 할 때에 사람 모양 같은 것이 내 앞에 섰고.내가 들은즉 올래 강 두 언덕 사이에서 사람의 목소리가 있어 외쳐 이르되 가브리엘아 이 환상을 이 사람에게 깨닫게 하라 하더니.그가 내가 선 곳으로 나왔는데 그가 나올 때에 내가 두려워서 얼굴을 땅에 대고 엎드리매 그가 내게 이르되 인자야 깨달아 알라 이 환상은 정한 때 끝에 관한 것이니라"

(8:19) "이르되 진노하시는 때가 마친 후에 될 일을 내가 네게 알게 하리니 이 이상은 정한 때 끝에 관한 일임이니라"

(8:26-27) "이미 말한바 주야에 대한 환상은 확실하니 너는 그 환상을 간직하라 이는 여러 날 후의 일임이라 하더라.이에 나 다니엘이 기쳐서 여러 날 앓다가 일어나서 왕의 일을 보았느니라 내가 그 환상으로 말미암아 놀랐고 그 뜻을 깨닫는 사람도 없었느니라"
(9:21) "곧 내가 기도할 때에 이전에 환상 중에 본 그 사람 가브리엘이 빨리 날아서 저녁 제사를 드릴 때 즈음에 내게 이르더니"
(9:23-24) "곧 내가 기도를 시작할 즈음에 명령이 내렸으므로 이제 네게 알리러 왔느니라 너는 크게 은총을 입은 자라 그런즉 너는 이 일을 생각하고 그 환상을 깨달을지니라.네 백성과 네 거룩한 성을 위하여 일흔 이레를 기한으로 정하였나니 허물이 그치며 죄가 끝나며 죄악이 용서되며 영원한 의가 드러나며 환상과 예언이 응하며 또 지극히 거룩한 이가 기름부음을 받으리라"
(10:1) "바사 왕 고레스 제삼년에 한 일이 벨드사살이라 이름한 다니엘에게 나타났는데 그 일이 참되니 곧 큰 전쟁에 관한 것이라 다니엘이 그 일을 분명히 알았고 그 환상을 깨달으니라"
(10:7-8) "이 환상을 나 다니엘이 홀로 보았고 나와 함께 한 사람들은 이 환상은 보지 못하였어도 그들이 크게 떨며 도망하여 숨었느니라.그러므로 나만 홀로 있어서 이 큰 환상을 볼 때에 내 몸에 힘이 빠졌고 나의 아름다운 빛이 변하여 썩은 듯하였고 나의 힘이 다 없어졌으나"

(10:14) "이제 내가 마지막 날에 네 백성이 당할 일을 네게 깨닫게 하러 왔노라 이는 이 환상이 오랜 후의 일임이라 하더라"

(10:16) "인자와 같은 이가 있어 내 입술을 만진지라 내가 곧 입을 열어 내 앞에 서 있는 자에게 말하여 이르되 내 주여 이 환상으로 말미암아 근심이 내게 더하므로 내가 힘이 없어졌나이다"

{요엘}
(2:28) "그 후에 내기 내 영을 만민에게 부어 주리니 너희 자녀들이 장래 일을 말할 것이며 너희 늙은이는 꿈을 꾸며 너희 젊은이는 환상을 볼 것이며"

{아모스}
아모스의 환상: 황충(7:12), 불(7:4), 다림줄(7:7, 8), 여름 실과(8:1, 2), 성전 문지방(9:1).

{스가랴}
스가랴의 환상: 말들(1:8-11), 뿔(1:8-21), 대제사장(3:1-5), 순금 등대(4장), 산과 병거(6:1-8).

{마태복음}
침례요한의 환상: 예수 침례 시(3:16) 예수의 변형과 모세와 엘리야를 본 환상(17:1)

{마가복음}
침례 요한의 환상: 예수 침례 시(1:10).

{누가복음}
침례 요한의 환상: 예수의 침례 시(3:2).
예수의 변형과 모세와 엘리야를 본 환상(9:28-36)
(1:22) "그가 나와서 그들에게 말을 못하니 백성들이 그가 성전 안에서 환상을 본줄 알았더라 그가 몸짓으로 뜻을 표시하며 그냥 말 못하는대로 있더니"

{요한복음}
침례 요한의 환상: 예수의 침례 시(1:32-34)

{사도행전}
초대교회 성도들의 환상: 불의 혀(2:2, 3)
스데반의 환상(7:55, 56)
바울의 환상: 다메섹 도상에서(9:3-6), 아나니아(18:9, 10), 마케도냐 사람(16:9-10) "밤에 환상이 바울에게 보이니 마게도냐 사람 하나가 서서 그에게 청하여 이르되 마게도냐로 건너와서 우리를 도우라 하거늘 바울이 그 환상을 보았을 때 우리가 곧 마게도냐로 떠나기를 힘쓰니 이는 하나님이 저 사람들에게 복음을 전하라고 우리를 부르신 줄로 인정함이러라"
(18:9-10) "밤에 주께서 환상 가운데서 바울에게 말씀하

시되 두려워하지 말며 침묵하지 말고 말하라"
비몽사몽간에(22:17) 아나니아의 환상(9:10-12),
고넬료의 환상: 천사(10:3), 베드로의 환상: 하늘에게서 내려온 보자기(10:9-10)

(2:17) "하나님이 말씀하시기를 말세에 내가 내 영을 모든 육체에 부어 주리니 너희의 자녀들은 예언할 것이요 너희의 젊은이들은 환상을 보고 너희의 늙은이들은 꿈을 꾸리라"

(9:10) "그 때에 다메섹에 아나니아라 하는 제자가 있더니 주께서 환상 중에 불러 이르시되 아나니아야 하시거늘 대답하되 주여 내가 여기 있나이다 하니"

(10:17) "베드로가 본 환상이 무슨 뜻인지 속으로 의아해 하더니 마침 고넬료가 보낸 사람들이 시몬의 집을 찾아 문밖에 서서"

(10:19) "베드로가 그 환상에 대하여 생각할 때에 성령께서 그에게 말씀하시되 두 사람이 너를 찾으니"

(11:5) "이르되 내가 욥바 시에서 기도할 때에 황홀한 중에 환상을 보니 큰 보자기 같은 그릇이 네 귀에 매어 하늘로부터 내리어 내 앞에까지 드리워지거늘"

(12:9) "베드로가 나와서 따라갈새 천사가 하는 것이 생시인 줄 알지 못하고 환상을 보는가 하니라"

{베드로후서}
(12:1) "무익하나마 내가 부득불 자랑하노니 주의 환상과

계시를 말하리라"
낙원(12:1-4)

{요한계시록}

사도 요한의 환상: 그리스도와 일곱 촛대(1:11-20), 하늘의 열린 문(4:1), 무지개와 보좌(4:2, 3), 이십사 장로들(4:4), 일곱 등불(4:5), 유리바다(4:6), 네 생물(4:6-8).일곱 인으로 봉한 책(5:1-5), 금 대접(5:8), 여섯 개의 인들(6장), 네 말들(6:2-8), 지진과 천체현상(6:12-14), 네 천사(7:11), 인 맞은 자 십사만 사천(7:2-8), 향로(8:5), 우박과 불(8:7), 바다에 던지워진 불붙는 큰 산(8:8, 9), 떨어진 별(8:10, 11), 해와 달과 별의 삼분의 일이 어두워짐(8:12), 무저갱(9:2), 황충(9:3-11), 유브라데에 결박된 네 천사가 놓임(9;14), 마병대(9;16-19), 책을 가진 천사(10장), 일곱 우레(10:3, 4), 성전 측량(11:1, 2), 두 증인(11:3-12), 성전 밖 마당(11:2), 두 감람나무와 두 촛대(11:4), 무저갱으로부터 올라온 짐승(11:7), 성의 무너짐(11:13), 둘째 화와 셋째 화(11:14), 태양을 입은 여자, 남자아이의 탄생(12장), 붉은 용(12:3-7), 하늘의 전쟁(12:7-9), 바다에서 나온 짐승(13:1-10), 땅에서 올라온 짐승(13:11-18),
어린양(14:1-5), 영원한 복음을 가진 천사(14:6, 7).바벨론의 멸망을 선포한 천사(14:8-13), 낫을 가진 사람의 아들(14:14-16) 수확하는 천사(14:17-20), 불을 다스리는 천사(14:18), 포도와 포도주 틀(14:17-20), 일곱 재앙을 가진

일곱천사(15:1), 불이 섞인 유리 바다(15:2), 성전이 열림(15:5), 짐승의 표를 받은 자들에게 재앙이 내림(16:2), 바다가 피로 변함(16:3), 일곱 대접을 가진 천사(16, 17장), 바벨론의 멸망(18장), 어린양의 혼인 잔치에 청함 받은 자들의 찬송하는 무리(19:1-10), 백마를 탄 자(19:11-16), 태양에 선 천사(19:17-21), 사단이 결박되는 천년왕국(20:1-3), 심판의 보좌들, 첫째 부활(20:4-6), 사단의 놓임(20:7-10), 크고 흰보좌(2:11), 생명책의 기록된 대로 심판(20:12-13), 둘째 사망 곧 불못(20:14), 생명책에 기록되지 못한 자들의 불못(20:15), 새 예루살렘(21장), 생명수의 강과 생명나무(22:1-5), 마라나타(22:6-21).

나오는 말

성령은 구원의 진리를 알게 하고 예수를 통해서만 구원을 받을 수 있으며 예수를 구주로 고백하게 한다.

또한 상처받은 심령을 치유하고 죄 사함을 선포하고 육체적 영적 속박에서 자유롭게 하며 거룩에 이르도록 돕기도 한다. 이 성령은 은사를 동반하므로(고전 13:28-31)성령은 은사에 필요성을 제시되어야 한다. 즉 성령의 은사를 적극적으로 활용되어야 한다. 활용치 않으면 흐르지 않는 물처럼 썩어 냄새나는 못 쓰는 무용지물이 된다.

꿈을 통해 하나님의 메시지를 깨닫는 유대, 기독교 꿈 해석 전통이 구약, 신약 그리고 초대교회 시대까지는 소중하게 지켜 내려오다가 중세부터 무시되고 짓밟혀져 왔다.

그러나 초대교회 교인들은 꿈을 통해 들려오는 하나님의 말씀에 귀를 기울였다. 하나님은 꿈속에서 그들과 그들이 속한 신앙 공동체와 더욱 친밀한 관계를 유지하셨고 그들에게 지혜를 선물로 줌으로써 영적인 삶을 보다 새롭고 풍요롭게 가꾸어 나갈 수 있도록 도와주셨다.

현대를 살아가는 우리들도 꿈과 꿈 해석을 통하여 하나님과 직접 관계를 맺고 이 관계를 보다 깊고, 넓게 발전시켜 나갈 수 있다. 즉 초대교회에서 활발히 사용되었던 은사들을 시대착오적인 것으로 터부시해서는 아니될 것이다.

성령의 은사가 일어나는 곳에는 하나님의 영광을 보게 되기 때문이다.

특히 성령의 조명으로 역사하시는 꿈과 환상, 예언은 창세기부터 요한계시록까지 기록하고 있는 영적인 법칙에 따라 인간의 흥망성쇠를 주관하시는 하나님이심을 확증하고 있음을 잊지 말아야 할 것이다.

"그 후에 내가 내 영을 만민에게 부어 주리니 너희 자녀들이 장래 일을 말할 것이며 너희 늙은이는 꿈을 꾸며 너희 젊은이는 환상을 볼 것이며"(요엘 2:28)

참고도서

강병도, 『성서대백과사전』, 서울, 기독지혜사, 1987.
김진환, 『한국교회부흥사』, 서울, 서울서적, 1993.
김호식, 『신령한 신앙생활』, 서울, 새순출판사, 1985.
게리 콜린스(허영자), 『마음탐구』, 서울, 두란노, 1990.
루이스 M 세이버리 외 3인(정태기), 『꿈과 영적인 성장』, 서울, 도서출판 예솔, 1994.
무명의 그리스도인(이진희), 『무릎으로 사는 그리스도인』, 서울, 생명의 말씀사, 1982.
사무엘 챠드위(한모길), 『성령체험』, 서울, 소망사, 1988.
실비아 브라운(김정혜), 『꿈이 우리에게 알려주는 것』, 서울, 한언, 2004.
예태해, 『속사람』, 서울, 목양선교회, 1993.
이천수, 『당신의 은사를 진단하라』, 서울, 요단출판사, 1985.
지그문트 프로이드(김성태), 『정신분석입문』, 서울, 삼성출판사, 1982.
케이스 E 해긴(예태해), 『성령의 기름부음』, 서울, 보이스사, 1992.
피터 와그너(이재범), 『교회성장원리』, 서울, 생명의 말씀사, 1980.
한건덕, 『성경속의 꿈 해석』, 서울, 명문당, 1986.

기독교인들에게 꿈은 어떤 것인가?

발행일 2025년 9월 30일

지은이   허 철(기독교역사스터디회)

펴낸이 송수자

펴낸곳 밥티조출판사

등록 제2012-000009호

주소 인천시 중구 홍예문로 68번길 4-5

전화 010-2235-0714

이메일 hepsibasong@hanmail.net

  ⓒ 2025. 허 철 all rights reserved.

값 13,000원

ISBN 979-11-994390-0-9 03230

* 본 책은 저작자의 지적 재산으로서 무단 전재와 복제를 금합니다.